關西
Free Pass
自助全攻略

教你用最省的方式，
遊大阪、京都、大關西地區

Carmen Tang 著

跟著旅遊達人走，
留下最甜蜜的回憶

對於不喜歡帶腦袋出遊的我來說，編排行程的工作往往最令人頭痛。跟 Carmen 出遊卻能讓我可以享受到輕鬆自在的假期。

4 年前，我初到日本探望在大阪留學不足 3 個月的 Carmen。她向朋友借了一部腳踏車給我代步，這樣便可省下昂貴的地鐵車費。記得有一晚，我們到梅田買東西，當時天氣很冷，突然下起大雨來，雨衣也抵擋不了，於是我們便找了一個地方避雨，當時我們看著街燈，一邊說笑，一邊欣賞中之島的夜景，到現在還記得當時的情景呢！

當時行程中最深刻的，可算是我們從梅田沿著御堂筋線步行到難波的那一次。兩旁都是滿佈黃葉的銀杏樹，這刻就是我最想要的旅行感覺，舒適寧靜，寫意自在。多年後的今天，每當我想起大阪，第一時間就會在腦海中出現這一幕。

感恩 Carmen 是一位樂於幫助朋友編排行程的旅遊達人，只需跟她說出旅行目的及要求，她便會發揮無料精神為我們量身訂做一個既省錢而又貼心的日本之旅。

老友阿香　ELLEN

2

運用巴士券聽海聲泡溫泉，
一覽關西之美

Carmen 從少便嚷著要去日本，她對日本有著一份我不理解的熱愛。她夢想成真，去了日本讀書後，為了陪老爸老媽去看她，我也第一次踏足這個國家。

到達後的第二天，Carmen 沒帶我去大阪的一般景點，卻與喜歡大自然的我坐了 2 個多小時火車去了和歌山，一起走熊野古道，看看古廟、櫻花和大海，悠閒舒服。在她極力推薦下，我用了兩天一夜的巴士券遊覽白浜，並在崎之湯內一邊聽著太平洋的海浪聲，一邊泡了人生中第一次的溫泉。

那一次的日本之旅，在 Carmen 的翻譯下，我還與在德國認識的日本朋友見面。她除了熱切地介紹京都的特色外，還在嵐山訂了位子，一起品嘗著名的豆腐料理。日本人的真情細緻，讓我感動。

第一次的日本之旅，由 Carmen 安排下令我有個愉快的旅程，亦令我明白到為什麼她對這個地方情有獨鍾。之後，在她的建議下，我也開展了自己的九州鐵路之旅及北陸賞雪之旅，為自己創造了更多難忘的經歷。

期待 Carmen 這個日本達人有更多的分享。

Carmen 姐姐 Milk

有捨有得，
開創人生新視野

太座「肥陳太」告訴我：「Carmen 準備編寫新書，想請你老人家寫序。」我聽後滿心疑惑，不曉如何反應，但感覺很有新意，打算待她來電問個明白，再作決定。Carmen 是太座要好的舊同事，她個性活躍，做事細心，關顧別人，更特別的是她沉醉於日本的文化與風土人情，從小就希望能到日本闖蕩一年半載。幾年前，她毅然辭職，隻身到日本留學，重新認識自己。旁人知悉其計劃，都希望她多加考慮，而甚少與 Carmen 交流的我卻反其道而行，寫電郵給她，予以支持及鼓勵：「捨得、捨得，有捨才有得。我深信你在 10 年、20 年後一定會欣賞自己的選擇，捨棄現時的安穩生活去換取人生的另一探索。」

在日本遊學期間，Carmen 勤奮讀書，亦參加了演講和寫作比賽爭取獎金，課後刻苦工作賺取學費、旅費及爭取與當地人交談的機會，假期組織旅團與幾位學友到各地城鄉小鎮探索。我與太座有幸 3 次跟隨 Carmen 旅行，在她細心策劃下，我們在旅途上都能輕鬆地從多角度欣賞及體驗日本獨特的風情與面貌，例如到鴨川賞櫻花、在大阪旺市或愛媛縣田野踏單車、趕乘麵包超人列車、名勝大步危的極流及藤蔓橋⋯⋯留下了很多美麗的回憶！

Carmen 深得日本人的真傳，對鐵路情有獨鍾，能以最優惠、最有效的方法乘搭不同電車到達目的地，書中不少篇幅精準地介紹車券的各項資料，讀者一定能感受到作者對鐵路的喜愛與敬重。美麗又好玩的景點，不一定得花大錢才能享受，我深信本書能令讀者獲得同樣理念，並勾起組隊到日本自由行的念頭。一本旅遊攻略絕不能缺乏精彩的圖片，Carmen 對攝影有興趣，對構圖亦具獨特的心思，所載的相片，多能令讀者感覺仿如置身其中，感受到不同的風貌。我誠意推介此書。或許大家看完這書後，會被作者的熱情感染，引發動力去籌備一次屬於自己的日本行。

肥陳生　陳景麟

一步一腳印，
難以忘懷的經歷

相較前一本作品，作者加入了當地的留學旅遊經驗，讓這本書不只是旅遊書，更像
是一本日記般的經驗談。此書似乎少了點冒險氣息，卻多了平淡的回憶。

依舊不變的是記錄了我們曾經的經歷。

最強旅伴 小強

想做就做，
人生不留白

因為一個經歷，令我的人生觀改變了。為免再有同樣的遺憾，故「想做就做」的性格由此而生。有人認為這是固執，有人則認為這是堅守原則，我仍是忠於自己的信念，決定放棄所擁有的去追一個兒時的夢。

在大阪留學期間，一有時間就會出走，有幸於去年把幾個遠征之旅記錄成書。自從處女作面世後，朋友到關西旅遊，都會先問我用哪種車券比較適合？當了解他們的需要後，便會建議他們使用某些或不建議使用任何車券。

不斷重複回答著相同的行程問題，發現原來坊間的旅遊書多以介紹景點及 JR Pass 為主，並沒有一本以日本地區性車券為題的攻略書，於是我便下定決心，寫一本關西車券《潮攻略》，讓讀者可以更有效地安排行程，同時亦可以讓自己有機會再一次重溫那些年在日留學的難忘時光。

在《日本 Free Pass 自助全攻略》一書中已詳細介紹了有關日本車券與我們所認識的 JR Pass 的分別，亦解構了日本車券種類及部分 Free Pass 的使用方法，故此書並不會再重複介紹，只會著重寫有關關西地區的 Free Pass。

此書會先介紹關西各個府縣的 Free Pass 種類，再介紹與 Free Pass 相關的景點及旅遊 Tips。經過詳細的分析後，挑選了部分常用及可節省旅費的 Free Pass 推介給讀者。由於地區性的 Free Pass 可移動的範圍較少，故可省的車費相對地亦較少，地區性 Free Pass 最大的用途是讓旅客可在旅程中省卻購票的時間及換來使用上的方便，而省錢則為次要。

在日本留學期間，起初以腳踏車代步，後因交通費昂貴，便開始使用 Free Pass 作較遠途的遊歷，以「省得一円就一円」的心態完成了貧苦留學生的旅遊大計。現在希望能藉此機會跟讀者分享自己的遊日經驗，同時亦希望能讓大家認識這個我最喜歡而又最熟悉的關西。

無料達人 Carmen Tang

本書使用說明

本書以「省錢」為最高原則，介紹關西地區好用的 Free Pass（日本企劃乘車券）。並有效利用日本 JR 鐵路、關西私營鐵路、巴士或水上交通工具，用不同的組合搭配，整理比較讓你選擇最適合自己的交通方式，順利遊遍大阪、京都、奈良、兵庫、和歌山和三重縣，開展一段不同以往的關西之旅。以下為幾種書中常出現的表格圖示，在此先做詳細說明，讓之後的閱讀更為順暢。

車券簡介

↔	發行期間	每年 4 月 1 日～翌年 3 月 31 日
🗓	有效期間	每年 4 月 1 日～翌年 4 月 30 日
日	使用期限	當天買當天即可使用
✔	可用期間	有效使用期間中的任何一天
⊘	不能使用日期 / 公休日	沒有
$	票價	1 天券：成人 1,200 円；兒童 600 円
🏠	販售地點	阪急旅客服務中心、阪急及阪神各站站長室、神戶高速各站
註	備註	另有「阪急 1DAY ／ 2DAY Pass」及「阪神遊客 1DAY Pass」可供選擇
🌐	網址	www.hankyu.co.jp/ticket/otoku/6

最適合的玩法

一天行程　阪急及阪神沿線：箕面、宝塚、元町或河原町等

最適合的玩法

搭配書中介紹的 Free Pass，經過詳細分析後挑選最常用及可節省旅費的行程以供讀者參考。

玩家解析

解答自助旅遊初學者的疑惑，屬於分析路線和知識內容的欄位。

玩家解析

若你預算到底應該購買循環觀光巴士車券還是市巴及京巴一日乘車卡。現提供遊海者的優缺點以供參考。

優點：循環觀光巴士途經各個主要景點，但市內巴士則並沒有，必須轉乘不同巴士路線才可。讓得 Free Pass 可為旅客省下更多路線的時間。

缺點：與市內巴士相比價格較為貴，而且有些景點與循環觀光巴士站也有一段距離。

所以簡單設案，如果想一天內去完多個景點，應該選購買循環觀光巴士車券；如果省錢為首要條件，應就康購買市巴及京巴一日乘車卡。

旅人隨筆

「京の通り名の唄」京都的街道名童謠

京都有多不勝數的街道，以東西南北來劃分，有一首每個京都人都懂得唱的「街道」童謠，是由父母世代代相傳，讓孩子可以更容易記得每條街道的名稱。根據街道的橫向（左右）及縱向（上下）的順序來劃分寫成一遍童謠。童謠的頭三句是：「丸竹夷二押御池」「姉三六角蛸錦」「四綾佛高松万五条」……從上至下唱著的名稱順序分別是：丸太町通、竹屋町通、夷川通、二条通、押小路通、御池通、姉小路通、三条通……如此類推，把街道名的第一個字放在童謠上，好讓孩子們能在唸著童謠的同時中同時記得每條街道街道的名稱及順序。《名偵探柯南之迷宮的十字路口》劇場版就是以京都複雜的街道作舞台所發生的故事。雖這首童謠的原意是不能解答案件的關鍵了，劇中一開始小女孩所唱的，就止是這首童謠的一小部分。

旅人隨筆

記敘作者旅日的回憶或當地的文化內容等，讓人彷彿也成為作者的旅伴，對關西當地的文化有更進一步的認識。

玩家叮嚀

自助旅遊者、Free Pass 使用者必知的注意事項和相關小提醒。

玩家教你省

看到這個欄位就代表省錢達人開始幫你精打細算了！旅遊時要如何安排才能更省荷包？讓省錢達人傳授密技給你！

景點介紹

區域圖中清楚標號，讓你對照編號內容，一目了然圖中景點位置。

目　　錄

Chapter 2. 大阪篇

Chapter 3. 京都篇

Chapter 4 兵庫縣篇

Chapter 5 奈良縣篇

Chapter 6 和歌山縣篇

Chapter 7 三重縣篇

1
CHAPTER

認識關西

關西各大交通公司推出的 Free Pass、
行程建議、相關景點資訊……小氣玩家
報你知！

相信大家對關西並不陌生，本書會重點介紹大阪、京都、兵庫及奈良各大交通公司（包括 JR、私鐵、地下鐵及巴士等）所推出的各種 Free Pass，包括車券的詳細資料、行程建議、與車券相關的景點及其他資訊等，讓大家能更輕鬆、有效地為自己安排稱心的旅程。

另也嘗試以 QR Code 連接部分景點的詳細地圖及交通時間表等資料，使讀者可直接把地圖及時間表下載於手機，方便在遊日時攜帶及使用。

不可不知的
關西基本票券

「關西地區」又名「近畿」，「近畿」指附近城市聚集在一起而成的廣域地區，泛指大阪府、京都府、兵庫縣、奈良縣、和歌山縣、滋賀縣及三重縣，日本的二府五縣，以大阪為中心。關西國際空港是近畿地區主要的機場，位於大阪府，故此書主要介紹從大阪出發的行程及 Free Pass。

認識企劃乘車券
Free Pass

日本有各式各樣的優惠車券，但由於牽涉不同的交通公司，故並沒有統一的稱呼。有些日本人會把這些車券統稱為「企劃乘車券」，作者嘗試為這些車券改了一個名字——「Free Pass」。本書「Free Pass」屬「各地方政府的交通公司發行之轄區內用 Free Pass」，以此名稱除了方便本書介紹它們外，也希望能帶出這些優惠車券裏「Free」的資訊，包含自由乘搭各種相關交通、免費入場券和自在旅遊的意思。希望讀者拿著「Free Pass」就能「Free」玩日本。(有關日本全國 Free Pass 的說明及分類，詳細解讀可參考《日本 Free Pass 自助全攻略。教你用最省的方式深度遊日本》)。

各地 Free Pass

▶北海道函館市電 1 日乘車券

▲九州別府 1 日自由乘車券

▼北近畿 KTR 周末及假日限定車票（已停用）

▶城崎溫泉空中纜車企劃乘車券

關西交通

在關西旅遊最常搭乘的交通工具便是日本JR鐵路、關西私營鐵路及巴士，以下先就各交通工具的不同特點做簡單介紹：

日本JR鐵路

相信有很多人都認識專為外國旅客而設的JR Pass，除有全國的JR Pass外，更有為各地區而設的地區性JR Pass，而關西主要的JR Pass有2種：Kansai Area Pass（關西地區）和Kansai WIDE Area Pass（關西廣域地區），後者可使用的範圍較廣，亦可乘搭特急列車，而前者則不可以。

關西私營鐵路（簡稱私鐵）

除日本全國JR鐵路可貫穿關西各縣外，還有以大阪市為中心的幾間私營鐵路公司所提供的選擇：
1. 南海電車—連接大阪難波、關西機場及和歌山（簡稱南海）。
2. 近畿日本鐵路—連接大阪難波、奈良、京都、三重及名古屋（簡稱近鐵）。
3. 阪神電車—連接大阪難波或梅田至神戶三宮（簡稱阪神）。
4. 阪急電車—連接大阪梅田至京都或神戶三宮（簡稱阪急）。
5. 京阪電車—連接大阪淀屋橋至京都的京阪電車（簡稱京阪）等。

巴士

部分地區有市巴士或高速巴士連接，前往非鐵路沿線或對於需長途移動，而又想省錢的旅客最為適合，可減省轉乘鐵路的時間及不便。

▲大阪市巴士

關西私營鐵路覆蓋範圍

1. 南海—連接大阪難波、關西機場及和歌山。
2. 近畿—連接大阪難波、奈良、京都、三重及名古屋。
3. 阪神—連接大阪難波或梅田至神戶三宮。
4. 阪急—連接大阪梅田至京都或神戶三宮。
5. 京阪—連接大阪淀屋橋至京都的京阪電車等。

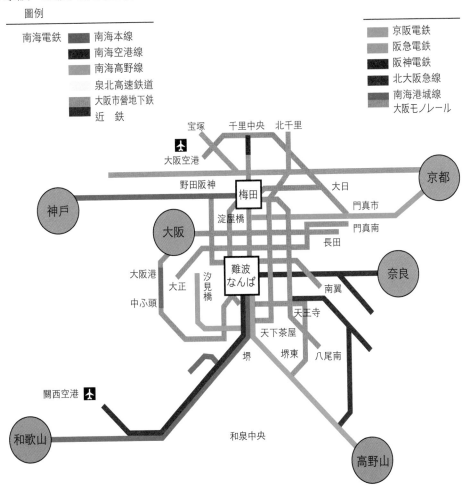

圖例

南海電鉄　■ 南海本線
　　　　　■ 南海空港線
　　　　　■ 南海高野線
　　　　　□ 泉北高速鉄道
　　　　　■ 大阪市營地下鉄
　　　　　■ 近　鉄

京阪電鉄
阪急電鉄
阪神電鉄
北大阪急線
南海港城線
大阪モノレール

宝塚　千里中央　北千里
大阪空港
野田阪神　梅田　大日　京都
神戶　　　　　門真市
淀屋橋
門真南
大阪　　　　　長田
大阪港　汐見橋　難波なんば　奈良
大正　　　　　南翼
中ふ頭　　　　天王寺
天下茶屋
堺　堺東　八尾南
關西空港
和歌山　　和泉中央　高野山

關西 JR Pass 介紹

✱ Kansai Area Pass（關西地區）

由 2015 年 3 月 1 日起，舊版的 KANSAI AREA PASS 將停止發售，改為可使用範圍較廣的新版周遊券。新版的周遊券票價雖比舊版的貴，但可使用範圍擴大至敦賀、滋賀、伊賀上野及和歌山，使遊客能更輕鬆地安排自己的旅程。

JR Pass 的購票需知

必須於日本以外國家預先購買換領券或在網絡上預約，如在香港購買，需提早最少 3 個工作天辦理。持換領券可在西日本 JR 車站的綠色窗口換領乘車券。（換領地點請參考車票簡介）

相關網址

詳細資料請參考相關網址：http://www.westjr.co.jp/global/tc/

由於此書重點並不是介紹 JR Pass，故提供網址請參考。

車券簡介

日 分為 4 種,可根據購買的票種連續使用

✓ 全年

$ 2015 年 3 月 1 日後票價

於日本國外購買(早鳥):

1DAY 成人 2,200 円;兒童 1,100 円

2DAY 成人 4,300 円;兒童 2,150 円

3DAY 成人 5,300 円;兒童 2,650 円

4DAY 成人 6,300 円;兒童 3,150 円

於日本國內購買:

1DAY 成人 2,300 円;兒童 1,150 円

2DAY 成人 4,500 円;兒童 2,250 円

3DAY 成人 5,500 円;兒童 2,750 円

4DAY 成人 6,500 円;兒童 3,250 円

▲北野

車 範圍內所有新快速、快速、普通列車及關西機場至京都的特快 HARUKA 號皆可無限次使用(其餘特急及新幹線皆不能使用)。

🏠 關西機場、JR 大阪、JR 新大阪和京都車站。

註 須持有短期居留簽証之旅客使用。停留期間,每人限買 1 張,需連續使用。

最適合的玩法

一天行程 姬路城 + 明石、神戶港、三宮,北野或和歌山城 + 貴志

玩家解析

1. 在日本國外購買可享有「早鳥折扣」優惠,價格可參考車票簡介。
2. 一天行程最少要來回姬路一次才值回票價。
3. 雖然可以使用的範圍擴大了,但由於只能使用特急以下的快速及普通列車,故前往敦賀及滋賀等地需花費較多時間,在時間不充裕的情況下,不建議使用。
4. 連接機場至京都的超特急「HARUKA 號」車箱內有免費 Wi-Fi 供試用,方便外籍旅客使用。

✻ Kansai WIDE Area Pass（關西和關西以外廣域地區）

由 2015 年 3 月 1 日起，舊版的 KANSAI WIDE AREA PASS 將停止發售，改為可使用範圍較廣的新版周遊券。新版的周遊券票價雖比舊版的貴，但可使用範圍擴大至四國高松、滋賀、伊賀上野及津山等。與 KANSAI AREA PASS 分別在於此周遊券除可乘搭快速或普通車外，更可乘搭特急（只限自由席）及大阪至岡山的新幹線（只限自由席）。

▲往敦賀特急列車「サンダーバード」

▲城崎特急列車「きのさき」

▶ 可利用區域

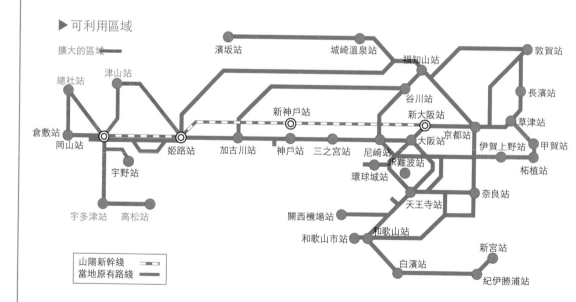

車券簡介

↔ 連續 5 天

✓ 全年

$ 於日本國外購買（早鳥）：
成人 8,500 円；兒童 4,250 円
於日本國內購買：
成人 9,000 円；兒童 4,500 円

車 所有列車車種，包括山陽新幹線（新大阪 - 岡山）及範圍內所有特急列車。

註 此券並不包括新幹線及特急列車的指定席費用。停留期間，每人限買 1 張。

參考行程

行程	出發地	景點		下榻地
DAY 1	大阪 / 難波	姬路（姬路城）	城崎溫泉	城崎溫泉
DAY 2	城崎溫泉	城崎溫泉 / 玄武洞	敦賀（漁市場）	敦賀 / 三方五湖
DAY 3	敦賀 / 三方五湖	三方五湖	敦賀 / 京都	京都 / 大阪 / 難波
DAY 4	京都 / 大阪 / 難波	和歌山 / 白浜	白浜	勝浦溫泉
DAY 5	紀伊勝浦	那智瀑布	串本	大阪 / 難波

有關 2015 新版關西周遊券資訊，可參考以下網址： http://goo.gl/lo3YEm

▲城崎溫泉

▲敦賀

最適合的玩法

城崎溫泉、敦賀、岡山或白浜

關西私鐵廣域 Free Pass 介紹

＊關西 2DAY ／ 3DAY 周遊券（関西 2DAY ／ 3DAY チケット）

這個周遊券可以乘搭關西地區內所有非 JR 鐵路的交通工具，可以省卻購買及查找車券所花的時間及精神。由於周遊券還提供了不同設施的優惠券，故也可以省下不少入場券的費用，是個遊關西既方便，又省錢的最佳選擇。由於它可以選擇在非連續日期使用，故又可以更靈活地安排自己的行程。

乘搭範圍

私營鐵路（JR 除外）、纜車、地下鐵、NEW TRAM 及巴士等（高速巴士不能使用、近鐵及南海電車的指定席特快列車需另加費用。）

可自由乘搭範圍：（請參閱 P.19 私鐵覆蓋的範圍）

▲詳細地圖

◀關西 3 DAY 周遊券

◀關西 2 DAY 周遊券

車券簡介

↔ 每年 4 月 1 日～ 9 月 30 日（春夏版）
　　每年 10 月 1 日～翌年 3 月 31 日（秋冬版）

📋 每年 4 月 1 日～ 10 月 31 日（春夏版）
　　每年 10 月 1 日～翌年 4 月 30 日（秋冬版）

日 當天買當天即可使用

✔ 有效使用期間中的任何 2 天（2DAY）或 3 天（3DAY）

⊘ 沒有

$ 2 天券成人 4,000 円；兒童 2,000 円
　3 天券成人 5,200 円；兒童 2,600 円

🏠 香港各大旅行社、關西機場旅行服務台、南海電車機場站售票處、難波及梅田
　遊客服務中心（南海大樓、阪急、JR 大阪站）等。

註 適合短期居留的觀光客使用。

🌐 goo.gl/8836DZ

最適合的玩法

二或三天
行程　　比叡山、姬路城、高野山

玩家教你省

1. 平均一天的車費是 1,733 円（3 天用）至 2,000 円（2 天用）以上即可選
　 擇使用；

2. 一天內移動多個地方及轉乘不同的交通工具；

3. 以最少移動距離計算（3 天行程）：

　 從大阪至比叡山坂本來回 1,940 円 + 坂本纜車來回 1,620 円

　 從難波至高野山來回 1,740 円 + 高野山纜車來回 780 円

　 從難波至姬路城來回 2,560 円

　 基本車費 = 8,640 円 （轉乘地鐵及山上巴士等費用未計算在內）

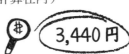 3,440 円

＊阪急 1DAY / 2DAY Pass（HANKYU TOURIST Pass）

阪急是接通大阪、京都及神戶的鐵路，可任意 1 天或 2 天（非連續亦可）內無限次使用阪急電車。

乘搭範圍

阪急電車全線（包括特急）

割引券

「弥栄会館ギオンコーナー」（彌榮會館祇園角）、「京都水族館」、「よしもと祇園花月」（吉本祇園花月）、「小倉百人一首殿堂時雨殿」及「東映太秦映画村」的入場優惠。

▲阪急全線地圖

▶阪急車站

車券簡介

↔ 每年 4 月 1 日～翌年 3 月 31 日

📅 每年 4 月 1 日～翌年 4 月 30 日

日 當天買當天即可使用

✓ 有效使用期間中的任何 1 天（1DAY）或 2 天（2DAY）

⊘ 沒有

$ 1 天券：成人 700 円（沒有兒童票）
　2 天券：成人 1,200 円（沒有兒童票）

🏠 阪急旅客服務中心（大阪、梅田及京都）、大阪新阪急酒店、新阪急酒店
　（ANNEX）、阪急國際酒店及京都新阪急酒店

註 適合短期居留的觀光客使用。

🌐 goo.gl/yV8Zsz

▲阪急乘車券

最適合的玩法

一或二
天行程

阪急沿線：
大阪↔京都
京都↔神戸（1DAY Pass）
大阪 ↔ 京都或神戸三宮全線（2DAY Pass）

玩家叮嚀

如果於假日只需點對點
來回一次，可到「金券
SHOP」購買週末回數券
更划算。
例如：大阪—京都週末
回數券約 310 円一張（基
本車費 400 円）

✳阪急阪神 1DAY Pass

可乘搭阪急、阪神及神戶高速沿線，是到大阪、神戶及京都廣域旅遊非常便利的車券。

▲阪急阪神 1DAY Pass

乘搭範圍

阪急電車、阪神電車及神戶高速全線（包括特急）

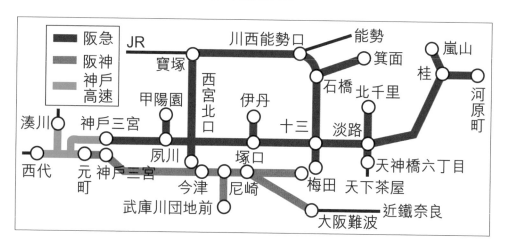

28

車券簡介

↔ 每年 4 月 1 日～翌年 3 月 31 日
📅 每年 4 月 1 日～翌年 4 月 30 日
📆 當天買當天即可使用
✔ 有效使用期間中的任何 1 天
⊘ 沒有
$ 1 天券：成人 1,200 円；兒童 600 円
🏠 阪急旅客服務中心、阪急及阪神各站站長室、神戶高速各站
註 另有「阪急 1DAY ／ 2DAY Pass」及「阪神遊客 1DAY Pass」可供選擇
🌐 www.hankyu.co.jp/ticket/otoku/6

最適合的玩法

 阪急及阪神沿線：箕面、宝塚、元町或河原町等

玩家解析

1. 由於可多乘搭一種鐵路，故價錢比阪急或阪神一天券較貴，如非必要一天內同時乘搭阪急及阪神 2 種交通工具，則不建議使用。
2. 把阪急及阪神沿線行程分為 2 天，使用它們各自推出的一天車券即可集中遊覽沿線景點及省下不少旅費。

參考車費：

出發地	目的地	車費
京都河原町	元町	720 円
大阪難波	元町	410 円
箕面	元町	500 円
箕面	京都河原町	530 円

參考行程：
河原町（阪急 530 円）→箕面（阪急 500 円）→元町（阪神 410 円）→大阪難波，共 1,440 円

關西各府縣地區

下一章節開始將會分府縣介紹各地的 Free Pass，集中以大阪出發連接到其他關西地區的鐵路公司所推出的 Free Pass 介紹。每個章節都包含了各府縣的基本資料、特色等，再介紹相關的 Free Pass，並就各 Free Pass 的使用範圍提供景點介紹及旅遊資訊。

▲神戶港是日本重要的國際貿易港之一

▲獲選日本十大人氣溫泉街第一名的城崎溫泉

▲豐臣秀吉曾居住過的大阪城

▲京都嵐山以賞楓和櫻花出名，可以搭遊船慢慢賞景

▲姬路城是日本首批世界文化遺產之一

▲以鹿聞名的奈良公園

2

CHAPTER

大阪篇

關西地區的
交通樞紐

位處日本本州西部地區的大阪，是近畿的中心地帶，前往京都、神戶、奈良、和歌山等地非常方便。除有 JR 鐵路外，還有多家私鐵公司及地下鐵提供不同的選擇，巴士網絡完善，是關西地區的交通樞紐。

從關西機場乘電車或巴士即可到達大阪市內。本章節將以大阪市出發，以大阪市內幾個主要市區分類，介紹利用不同 Free Pass 的遊走路線，其中所牽涉的交通路線並不複雜，相信對於初到日本自由行的背包客來說並不困難。

地下鐵網絡
完善的大阪市

日本一道二府中的大阪府乃是西日本的政治、經濟、文化等重要地區，其包括了 33 個市區。大阪市內地下鐵的網絡完善，遊走大阪市以地鐵、巴士及路面巴士為主要交通，不同的交通公司配合各觀光設施的入場券而設計出各種 Free Pass，它們所涵蓋的範圍卻相當廣，只要手拿大阪市內的交通路線圖，就能輕易地遊走各景點。本篇將會介紹幾個鐵路公司推出的 Free Pass 及幾個重要市區的景點。

▲大阪市 24 區位置圖

JR 鐵路遍佈日本全國，大阪市內除可利用車費昂貴的地下鐵路以外，亦可考慮乘搭
JR 的大阪環狀線。

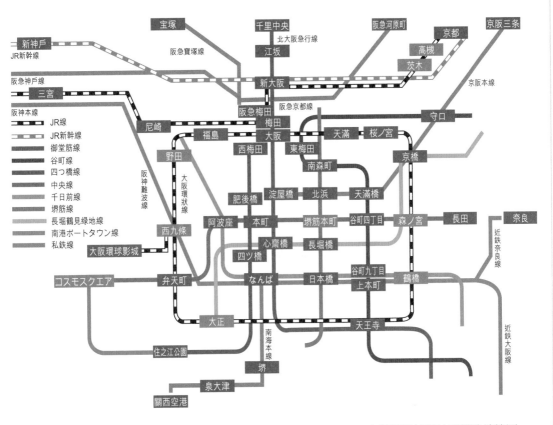

▲大阪環狀線與地下鐵路線簡圖

大阪市各類 Free Pass 介紹

＊大阪周遊券（大阪周遊パス）

這是一個包括各種大阪交通（JR 除外）乘車券和 28 個重要景點免費入場券的周遊券。它分為「春夏版」和「秋冬版」2 種，所包含的景點入場券亦會有所不同。這個周遊券最適合集中 1 天或 2 天內遊走多個大阪市內景點的行程。只要行程安排得好，可以為你省下超過 6000 円的旅費啊！

車券簡介

- 當天買當天可使用，有效使用期內的任何一天（1 天券）或連續 2 天（2 天券）
- 4 月 1 日～ 9 月 30 日（春夏版）、10 月 1 日～翌年 3 月 31 日（秋冬版）
  4 月 1 日～ 10 月 31 日（春夏版）、10 月 1 日～翌年 4 月 30 日（秋冬版）
- 1 天券：成人 2300 円（沒有兒童票）
  2 天券：成人 3000 円（沒有兒童票）
- 各大阪交通機構（包括地下鐵各票務處、各私鐵公司的事務室及觀光案內所等，JR 鐵路公司除外）、部分酒店櫃枱、遊客服務中心等
- 2 天券只限在日本停留 90 天內的旅客使用，但可使用範圍較與 1 天券不同。
- www.osaka-info.jp/osp/cht

▲舊版大阪周遊券

▲新版大阪周遊券（加上了條碼，憑一卡便可使用交通及觀光設施）

乘搭範圍

交通工具：大阪市巴士、地下鐵、NEW TRAM 及大阪市內鐵道（JR 及阪堺電車除外）、道頓崛水上觀光船（水都號）、大阪港帆船型觀光船（聖瑪麗亞號）、大阪水上巴士（12月～2月大阪城·中之島周遊60分鐘路線限定）及部分私鐵（2天券不可乘搭私鐵）

▲大阪周遊券
　設施優惠及
　詳細地圖

▶可自由乘搭範圍

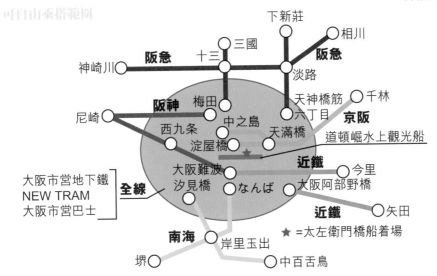

最適合的玩法

大阪市內各大景點　　**一或二天行程**

玩家教你省

　使用這個大阪周遊券，只要乘搭一次大阪港帆船型觀光船及到咲洲廳展望台，連來回車費即已值回票價。若額外添加行程，便物超所值了。

大阪港帆船型觀光船＋展望台＋來回難波車券
1,600円 +510円 +280円 × 2＝ **2,670円**

相關 Free Pass

＊大阪周遊 Pass 擴大版
「大阪周遊パス拡大版」

擴大版只適用於大阪地區以外住宿的旅客來回該地至大阪的車費之用。雖然，擴大版比普通版的可使用範圍較廣，包括阪急、京阪、近鐵、阪神、南海及泉北電車的使用範圍，但基本上一天普通版 Free Pass 只玩大阪地區時間已不夠，故不建議使用擴大版。

免費設施

出示乘車券及 Coupon 可免費使用 28 項觀光設施及 10 種優惠門票（每年會稍有更新，以網頁所標示的優惠設施為準）。本章節所介紹的景點主要以周遊券供免費入場或有優惠券的設施為主。

▼一天券可適用的範圍及設施

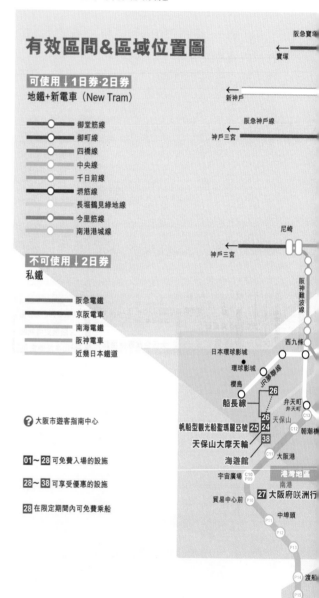

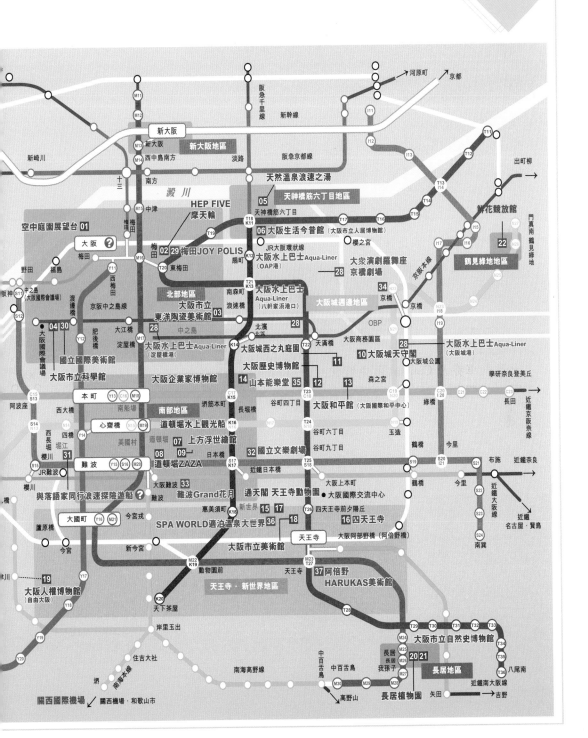

參考行程（1日周遊券）

DAY Pass 用到盡の旅

上午	下午	晚上

上午：大阪水上巴士 Aqua-Liner →（限常設展 600 円）大阪歷史博物館 → 大阪城西之丸庭園 →（限定12月～2月免費 1,700 円）大阪城天守閣 →（200 円）通天閣 →（600 円）→（700 円）難波／大阪

下午：天保山大摩天輪 →（800 円）帆船型觀光船聖瑪麗亞號 →（1,600 円）行政大樓展望台（日落）大阪府咲洲 →（510 円）

晚上：空中庭園展望台 →（700 円）梅田 HEP FIVE →（500 円）天然溫泉浪速之湯 →（800 円）難波／大阪

入場費共：8,710 円
（另加車費約 1,000 円）

省錢指數 7,410 円起

浪漫二人世界の旅

上午	下午	晚上

上午：大阪水上巴士 Aqua-Liner →（限定12月～2月免費 1,700 円）大阪城天守閣 → 大阪城天守閣 →（600 円）天王寺動物園 →（500 円）通天閣 →（700 円）難波／大阪

下午：天保山大摩天輪 →（800 円）帆船型觀光船聖瑪麗亞號 →（1,600 円）行政大樓展望台（日落）大阪府咲洲 →（510 円）空中庭園展望台

晚上：空中庭園展望台 →（700 円）梅田 HEP FIVE →（500 円）天然溫泉浪速之湯 →（800 円）難波／大阪

入場費共：8,410 円
（另加車費約 1,000 円）

省錢指數 7,010 円起

歷史探究の旅

上午	下午	晚上

上午：難波／大阪 → 四天王寺（各 400 円）→ 大阪市立自然史博物館（300 円）→ 大阪和平館（250 円）→ 大阪城天守閣

下午：大阪城天守閣 →（600 円）大阪歷史博物館（限常設展 600 円）→ 大阪生活今昔館（限常設展 600 円）→ 帆船型觀光船聖瑪麗亞號（1,600 円）→ 天保山大摩天輪（日落）（800 円）

晚上：大阪府咲洲 →（510 円）行政大樓展望台（夜景）→ 天然露天溫泉 SPA 住之江 →（700 円）難波／大阪

入場費共：6,360 円
（另加車費約 1,000 円）

省錢指數 5,060 円起

文化藝術の旅

上午	下午	晚上
難波／大阪 → 通天閣（700円）→ 大阪市立美術館（限收藏展）→ 上方浮世繪館（500円）	大阪市立東洋陶瓷美術館（限企劃展）→ 大阪市立科學館（限展覽廳 400円）→ 國立國際美術館（非免費入場）	難波／大阪 → 空中庭園展望台（700円）→ 梅田 HEP FIVE 摩天輪（500円）

入場費共：3,400 円
（另加車費約 1,000 円）

省錢指數
2,100 円起

乘搭遊覽船 欣賞大阪美景

大阪，又有水都之稱，由於大阪市內有多條河道貫穿整個城市，故乘搭遊覽船便可飽覽大阪市的城市美景。

水都航線：

●Aquq-Liner 水上巴士：遊走大川及中之島的航線，每年櫻花季節欣賞大川兩旁櫻花樹的最佳之選。

●AQUA mini：遊覽大阪城公園、道頓崛及湊町之選。（冬天停航及只有週末假日航行）

●向日葵號「ひまわり」：行駛大川上唯一於晚間有航線的遊覽船，欣賞中之島夜景及櫻花的首選。船內有餐飲服務，邊享受豪華餐食的同時，邊欣賞中之島的景色。
（除星期一外，每日分 3 個時段航行，需於網上預約）

●聖瑪利亞號：大阪港帆船型觀光船，遊走大阪港灣地區。

●相關網址：suijo-bus.jp

大阪海遊館乘車券 「OSAKA 海遊きっぷ」

大阪海遊館乘車券包括大阪市內交通一天任意乘搭外，還包括各大觀光設施高達 50% 的優惠，與大阪周遊券相似。

車券簡介

4月1日～翌年3月31日（每年更新）

當天買當天即可使用

一天

不定休

◄海遊館乘車券
設施優惠及詳
細地圖

（大阪市內版）成人 2,550 円，兒童 1,300 円（另設有不同私鐵版本，可全線乘坐該私鐵路線，但價格不一樣，只適合在非大阪市內住宿的遊客使用）

地下鐵及 NEW TRAM 票務處、觀光案內所（新大阪、梅田、天王寺及難波）、關西國際機場。（註：海遊館沒有販售此乘車券）

海遊館中學生的入場券以兒童價格為準，但車費卻以成人價格為準。

goo.gl/3bXz3Z（車券網頁）、www.kaiyukan.com（海遊館）

乘搭範圍

大阪市內地下鐵全線、巴士、NEW TRAM 全區域（路線圖 P.19）

免費設施

除海遊館可免費入場外，另外有約 30 個觀光景點入場優惠，主要與「大阪周遊券」的觀光設施一樣，可以折扣價購買入場券。除此之外，還有飲食或購物折扣。

▲大阪海遊館乘車券

玩家教你省

海遊館普通入館費為 2,300 円，單程車費約 280 円，再另加其他地方的行程便可省下交通費。海遊館有再入館服務，如需暫時離開海遊館到館外午膳或遊覽，可到海遊館的服務櫃台申請再入館手續，便可在晚上再次進入觀賞「夜之海遊館」。

最適合的玩法

海遊館 +
其他大阪
市內景點

大阪交通 1 日乘車券「エンジョイエコカード」

大阪交通 1 日乘車券 Enjoy Eco Card 是大阪市交通局所推出的 1 日乘車券。由於大阪地下鐵的車費昂貴，故對於旅客來說，使用此 1 日券移動較為方便和划算。

車券簡介

全年
當天買當天即可使用
一天
沒有
平日：成人 800 円（週末及假日 600 円）；兒童 300 円
大阪市內地下鐵及 NEW TRAM 各車站售票機、地下鐵定期券售賣處、巴士車內、市營交通案內所等
goo.gl/7VVgEa

▲大阪市交通路線圖

免費設施

附有約 30 個觀光設施的割引券。

乘搭範圍

大阪市內地下鐵全線、巴士、NEW TRAM 全區域（路線圖 P.35）

▶各種大阪市交通一日券

地下鐵收費參考

費用

距離	成人費用	兒童費用	移動距離參考
3km 以下	180	90	難波～淀屋橋
3～7 km 內	240	120	難波～梅田
7～13 km 內	280	140	難波～大阪港
13～19 km 內	320	160	難波～井高野
19 km 以上	370	190	大阪港～井高野

地鐵回數卡

●成人券 3,000 円可當 3,300 円使用，兒童券 1,500 円可當 1,650 円使用。
●乘搭大阪市交通工具（地下鐵、NEW TRAM 及巴士）均可使用。以成人券為例全卡可省 300 円。

最適合的玩法
一天內使用 3～4 次地下鐵之用

大阪出差套票「大阪出張きっぷ」

車券名像是專為到大阪出差人事而設，但其實一般旅客也可使用。除包括了從關西機場至難波的南海特急ラピート列車乘車券及特急券外，亦附有一張大阪市交通1日乘車券。適合2天內需在大阪市內移動的旅客或商人使用。

車券簡介

1	4月1日～翌年3月31日（每年更新）
日	當天買當天即可使用
✓	南海特急券只限購買當天使用，但大阪市交通1日券則可選擇在當天或翌日其中一天使用。
⊘	沒有
$	成人 1,500 円（沒有兒童券）
合	關西空港南海車站
註	南海特急列車的乘車券有使用日期限制
	www.nankai.co.jp/traffic/otoku/trip

◀巴士可使用範圍

乘搭範圍

- 南海電鐵ラピート列車由關西機場至難波
- 大阪市內地下鐵全線、巴士、新電車全區域（詳情可參閱 P.38、39）

最適合的玩法

乘搭關西機場◀━━▶難波特急及一天大阪市內遊

玩家教你省　　　從關西機場到難波的南海特急普通車費為 1,430 円、割引券 1,130 円，即只需多付 370 円即可多一張大阪交通1日乘車券。

▲乘車券

▲特急券

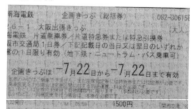

▲說明券

關西空港特急優惠車券

「関空トク割ラピートきっぷ」

這個車券適合於 なんば（難波）←→ 關西空港之間移動的單程車券，可乘搭連接關西空港至難波的特急列車，價錢包括了普通乘車費 920 円及特急券 510 円，並有指定席座位，原價 1,430 円的車券只賣 1,130 円，非常划算。

車券簡介

4 月 1 日～ 翌年 3 月 31 日（每年更新）

當天購買只限當天使用

只限當天使用一次

沒有

普通車廂座位：成人 1,130 円；兒童 570 円
高級車廂座位：成人 1,340 円；兒童 770 円

主要車站（難波、新今宮、天下茶屋、住吉大社、堺及關西空港）、南海國際旅行主要營業所、難波車站 2、3 樓特急券及座席指定券販售處

南海特急列車的乘車券有使用期間限制

goo.gl/0ycfp8

▲特急ラピート

最適合的玩法

關西機場←→難波
（空港特急列車）

阪堺電車全線 1 日 taketake 乘車券

「全線1日フリー乘車券てくてくきっぷ」

車券簡介

全年

當天購買當天即可使用

一天

沒有

成人 600 円；兒童 300 円

阪堺電車車廂內、阪堺電車各站之販售處等。

goo.gl/2euHQf（車券網頁及其他堺市車券資料）

▲阪堺電車

最適合的玩法

阪堺電車沿線
（新世界、住吉神社或堺市等）

來大阪賞美景啖美食

本章節將會分別介紹大阪市內幾個區域的景點及旅遊資訊。

＊大阪市北部區域

北區是大阪市主要的商業區，以梅田為中心，現代化的建築鱗次櫛比。北面有淀川河，每年在這裏所舉辦的是大阪最大型的花火大會，與南區相隔的中之島更是大阪的政治、經濟與文化匯集的地方。中之島有別於北區的繁華、南區的喧鬧嘈吵，在這裏保存著歷史悠久的建築，擁有寧靜、舒適的環境，每年聖誕及櫻花季節的著名景點之一。這裏亦是大阪文化之地，音樂廳、美術館、科學館等都位處於此，還有各式各樣的主題餐廳，來到這裏，就像置身於藝術世界之中。

最佳遊覽時間

・櫻花季（4月上旬至4月中旬）：
中之島附近的天滿宮及櫻之宮乃大阪觀賞櫻花著名的地方之一，櫻花道全長 560 公尺。

・賞花季（5月中旬至10月）：
中之島公園內各季節都會栽種賞心悅目的花卉。

・聖誕節（冬季）：
中央公會堂是「光之文藝復興」重要的會場。

・夜間（全年）：
古舊的建築外裝上了各種顏色的投射燈，晚上的中之島散發出無比的魅力。

「花火」（煙花）觀賞需知

每年 8 月的第一個星期六晚上，都會在大阪淀川河川公園這裏舉行花火大會，以連發的花火聞名，來觀賞的遊人固然比較多。

★事前準備

食物、飲料，還有野餐用的蓆子或小椅子，坐著舒舒服服地欣賞180 度沒遮擋的花火最寫意。由於賞花火的人很多，最好先預計好撤退的路線或先買回程車券可減少排隊購票的時間。

玩家
叮嚀

常梅田坐阪急神戶高到中津站
或十三站再最少前往會場，但
由於乘搭電車的人很多，切願
可擠，擠上架車也需花時間，
所以也可以考慮從梅田自行徒
步到現場，但千萬不要坐計程
車，也可會塞車甚到發現。
最近電車站：阪急中中十三站
或中津；阪神電生淀川或
野田站

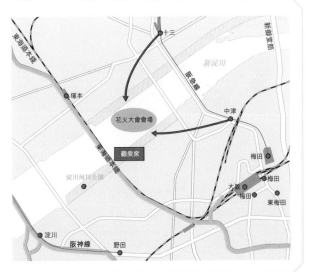

中之島的大川兩旁都種滿了櫻花樹，遊客可沿河岸漫步，亦可選擇在櫻花樹下野餐，感受日本人賞櫻的樂趣。南天滿公園及毛馬櫻之宮公園皆是賞櫻的好去處，公園內還會有各式各樣的攤位，增添了不少氣氛。

地鐵御堂筋線「淀屋橋」站
或堺筋線「北浜」站下車
→
天滿橋
→
毛馬櫻之宮公園
→
（對岸）南天滿公園
→
中之島
→
「淀屋橋」站或「北浜」站

旅人隨筆

每逢櫻花季節，想要在櫻花樹下找個位置野餐賞櫻並不是一件容易的事，因為無論是大小企業、活動團體或私人聚會等，都會一早就到公園佔一席位，希望能夠藉這個季節，進行聯誼的活動。企業中的社員，早上就會到公園鋪上蓆子，大半天就坐在那裏，等到午餐時間，大家就會聚在那裏喝酒、聊天、跳舞，甚至有人會在公園內燒烤，這是他們一年一度的聚會。＊散策：一邊欣賞景色一邊慢慢散步的意思。

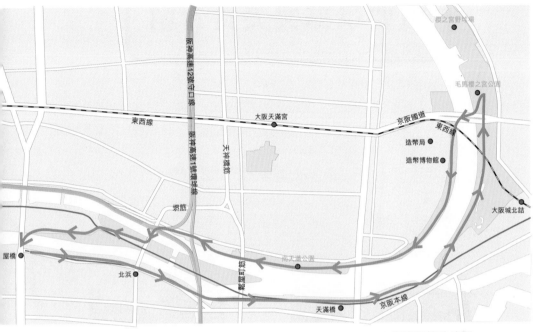

▲賞櫻散策路線圖

祭典

天神祭：日本三大祭典之一，有一千多年的歷史。每年 7 月 25 日下午開始於天滿宮附近會有「陸渡御」的祭典，晚上六點開始就會有很多船隻在「大川」河上進行「船渡御」的祭祀活動，而祭典後便會有夏祭放煙火的活動，雖然並不是什麼大型的花火活動，但亦會吸引不少遊人前來欣賞。網址：www.tenjinsan.com/tjm.html

大阪市北區的
重要景點與美食介紹

由於部分重要的文化藝術館皆建於中之島內，不用浪費坐車的時間，即可到達各館，非常方便。在中之島內的咖啡店別具特色，坐下來喝杯咖啡，感覺置身於藝術世界中。

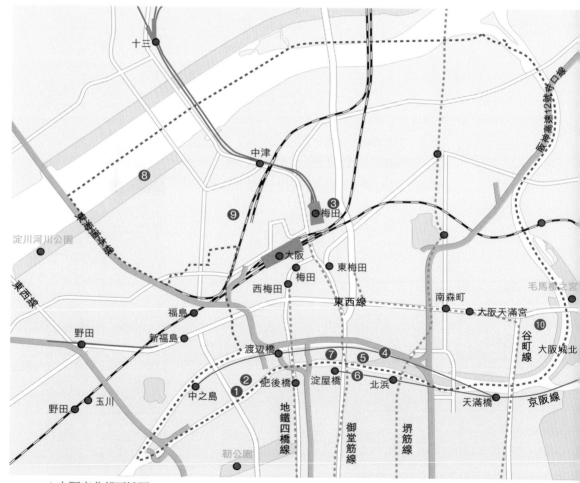

▲大阪市北部區域圖

景點介紹

1. 大阪市立科學館

利用多元化的方式，提供及展示有關宇宙及能源等有關的知識。

開放時間	09:30 ～ 17:00（最後入館時間為 16:30）
休息日	星期一、連續假期後一天及年末年初
交通	地下鐵四橋線「肥後橋站」3 號出口徒步約 5 分鐘
入場費	成人 400 円；高中生以上 300 円；國中生以下免費
天象儀	成人 600 円；高中生以上 450 円；國中生以下 300 円
地址	大阪市北區中之島 4-2-1
電話	06-6444-5555
網址	www.sci-museum.jp

2. 國立國際美術館

是國家級的美術館，展示以當代藝術為主的作品。

開放時間	10:00 ～ 17:00（最後入館時間為 16:30）
休息日	星期一及年末年初休息
交通	地下鐵四橋線「肥後橋站」3 號出口徒步約 10 分鐘
入場費	成人 420 円；高中生以上 130 円；中小學生免費
	（專題展覽門票不同）
地址	大阪市北區中之島 4-2-55
電話	06-6447-4680
網址	www.nmao.go.jp

3. HEP FIVE 摩天輪

世界中首次嘗試於商場頂樓興建有冷氣設備的摩天輪，可眺望關西名所的紅色摩天輪是梅田的地標之一。

開放時間	11:00 ～ 22:45
交通	地下鐵御堂筋線「梅田站」徒步約 10 分鐘
入場費	500 円
地址	大阪市北區角田町 5-15
電話	06-6366-3634
網址	www.hepfive.jp

4. 東洋陶磁美術館

美術館內以採集自然光及不同的室內光投射方法展示各種陶瓷藝品，收藏品主要包括中國、韓國及日本不同年代的陶瓷工藝品。

開放時間	09:30 ～ 17:00（最後入館時間為 16:30）
休息日	星期一、連續假期後一天及年末年初
交通	地下鐵御堂筋線「淀屋橋」站 4 分鐘
入場費	成人 500 円；高中生以上 300 円；國中生以下免費
地址	大阪市北區中之島 1-1-26
電話	06-6223-0055
網址	www.moco.or.jp

5. 中央公會堂

現保存著原有古典外貌和內部裝潢的中央公會堂，內有音樂廳和飯店，紅色瓦磚的外牆成為了中之島最具特色的建築之一。

交通	地下鐵御堂筋線「淀屋橋」站徒步 5 分鐘
地址	大阪市北區中之島 1 丁目 1 番 27 号
電話	066-208-2002

6. 大阪水上巴士 Aqua-Liner（淀屋橋港）

於「大川」運行的觀光水上巴士，最適合於春節沿河川觀賞櫻花的最佳之選。

開放時間	10:00 ～ 17:00
交通	地下鐵御堂筋線「淀屋橋」站 2 分鐘
乘船費	成人 1,700 円；兒童 850 円（春季期間價錢較貴）
循環路線	大阪港→八軒家浜船着場→淀屋橋港 → OAP 港
備註	全程約 60 分鐘
網址	suijo-bus.jp/cruise/aqualiner.aspx

7. 日本銀行

位於中之島的日本銀行大阪舊館，是近代的建築，外牆以花崗岩為主，在御堂筋上頗有特色的建築物。

交通	地下鐵御堂筋線「淀屋橋」站
地址	大阪市北區中之島 2-1-45
電話	06-6202-2022
網址	www3.boj.or.jp/osaka

8. 淀川河川公園

淀川河兩旁的地方寬闊,假日有很多球隊會在這裏練習棒球或足球,亦是踏單車散步賞景的好去處。這裏更是大阪最大型的淀川河花火匯演的場地。

9. 空中庭園展望台

開放時間	10:00～22:30(最後入館時間為 22:00)
休 息 日	星期一、連續假期後一天及年末年初
交 通	JR「大阪」站、阪急及地下鐵御堂筋線「梅田」站
入 場 費	成人 700円;高中生以上 500円;小學生 300円
地 址	大阪市北區中大淀中 1-1
電 話	06-6440-3855
網 址	www.kuchu-teien.com/observatory

10. 大阪造幣局

日本貨幣或勳章等製造及分析的總部。每年春天,大阪造幣局博物館外櫻花盛開,是大阪的賞櫻名所之一。

交 通	地下鐵谷町筋線「天滿橋」站徒步約 15 分鐘

其他景點

1. 梅田・大阪

大阪市內主要購物天堂及交通樞紐,阪急百貨、HEP five 等大型商場,BIC CAMERA 及 YAMADA DENKI 電器百貨都集中於此。

交 通	地下御堂筋線「梅田」站

2. 中之島公園

大阪首座建成的公園,是「大阪風景名勝 100 選」之一。沿河的步道是遊人休憩的好地方。

交 通	地下鐵筋堂線「淀屋橋」站徒步約 5 分鐘

3. 櫻之宮

大川兩旁的河畔公園種滿了櫻花樹,全長 4.2 公里,是大阪賞櫻名所之一,每年櫻花季節,這裏都會水洩不通,擠滿了來野餐、賞花的遊人。

交 通	地下鐵谷町筋線「天滿橋」站約 10 分鐘

A. 中之島俱樂部（餐廳）

在充滿復古氛圍的店內，享受洋食及各種美味佳肴。

營業時間	09:30 ～ 21:30
休 息 日	每個月第四個星期二及年末年始（12 月 28 日～翌年 1 月 4 日）
交 通	地下鐵御堂筋線、京阪電鐵「淀屋橋」站 1 號出口徒步 5 分鐘
地 址	大阪市北區中之島 1-1-27 大阪市中央公會堂內 B1
電 話	06-6233-3580
推 介	每日午餐限定 200 份的蛋包飯
網 址	goo.gl/SsYlhk

B. Graf 生活概念店

富藝術建築，集結藝術、建築、文化、生活於一身的概念店，可找到很多親手製作的日常用品，還有家具、餐廳等。

營業時間	11:00 ～ 19:00
休 息 日	星期一
交 通	地下鐵四橋線「肥後橋」站徒步 10 分鐘、京阪中之島線「中之島」站徒步 8 分鐘
地 址	大阪市北區中之島 4-1-9 Graf Studio
電 話	06-6459-2082
網 址	www.graf-d3.com/shop

C. 「北浜レトロビル」

充滿昔日英倫格調的洋式建築，懷舊的洋式餐廳及高級下午茶是這裏的特色。

營業時間	11:00 ～ 19:00（平日到 21:30）
交 通	地下鐵堺筋線或京阪「北浜」徒步 3 分鐘
地 址	大阪市北區中之島 1-1-26 Graf Studio
電 話	06-6223-5858
網 址	goo.gl/w7HNhE

D. 丸福咖啡店

80 年歷史的丸福，致力於自家製的咖啡焙煎技術，而甜品也是這必試的食品。

營業時間	08:00 ～ 23:00
交 通	地下鐵四橋線「肥後橋」徒步 5 分鐘
地 址	大阪市北區中之島 3-6-32 中之島ダイビル 1F
電 話	06-6225-2202
網 址	www.marufukucoffeeten.com

E. "R" RIVERSIDE GRILL & BEER GARDEN

一邊欣賞中之島夜景的同時，又能一邊品嘗黑毛和牛的 BBQ，是與朋友舉杯暢飲的不二之選。

營業時間	16:00 ～ 23:00（週末及假期 14:00 開始，7、8 月更有午餐時段）
交　　通	地下鐵堺筋線及京阪「北浜」站徒步 2 分鐘
地　　址	大阪市北區中之島 1
電　　話	06-6202-0112
網　　址	www.nakanoshima-beergarden.com

F.「芝川ビル」

營業時間	11:00 ～ 19:00（部分餐廳營業時間較長）
交　　通	地下鐵御堂筋線「淀屋橋」站及徒步 1 分鐘
地　　址	大阪市北區中之島伏見町 3-3-3
推　　介	昭和 2 年建成的芝川大廈內有各式的商店，特別是位於一樓賣高級巧克力店「TIKAL by Cacao en Masse」及「THE COURT」餐廳較為著名。
網　　址	shibakawa-bld.net/floorguide

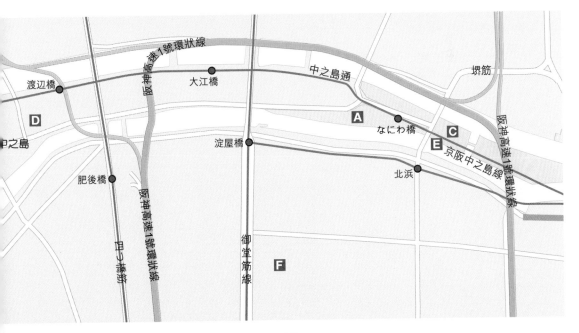

大阪市住之江區域
的重要景點介紹

住之江區是大阪市行政區之一，位處住吉區
的西部，是大阪 24 區內最大面積的區域。
住之江區南港哎洲地區在近這 20 年間不斷
地開發，建了不少現代化的建築物，大阪府
哎洲行政大樓便是住之江區的地標，是觀賞
夜景的名所之一。另外住之江公園和大阪護
國神社也是這裏的著名景點。

▲住之江區域圖

景點介紹

1. 大阪哎洲行政大樓（WTC）

高 252 公尺，位處 52 層獨享 360 度全景觀的展望台，
是觀賞夕陽最佳的地方。

開放時間	平日：13:00 ～ 22:00（最後入館時間為 21:30）週末及假日：11:00 ～ 22:00
休 息 日	無休
交　　通	地下鐵南港港城線「トレートセンター前」（貿易中心前站）2 號出口出站向東南步行 3 分鐘
入 場 費	成人 510 円；中學生或以下兒童 210 円；70 歲以上長者 410 円
地　　址	住之江區南港北 1-14-16
電　　話	06-6615-6055
網　　址	www.wtc-cosmotower.com

2. 住之江公園

因應季節的轉變會有不同的花卉供遊客觀賞，綠草如茵，還有不同的運動設施，是
大阪府中著名的公園之一。

交　　通	地下鐵四橋線「住之江公園站」向北步行約 2 分鐘
地　　址	大阪住之江區南加賀屋 1-1-117
電　　話	06-6685-9522
網　　址	www.toshi-kouen.jp

3. 南港野鳥園

昔日的大阪灣是候鳥的中轉站，現則由
大阪南港地區填海而成為一個保育區。

開放時間	09:00 ～ 17:00
休 息 日	星期三及 12 月 28 日～翌年 1 月 4 日
交　　通	地下鐵南港港城線「貿易中心前站」3 號出口向西徒步約 13 分鐘
入 場 費	免費
地　　址	大阪市住之江區南港北 3-5-30
網　　址	goo.gl/1Sj015

4. 大阪港國際碼頭

是設備齊全的碼頭，主要連接中國及韓國的國際航道的港口。

5. 亞洲太平洋貿易中心（ATC）

中心內有多達 80 間的商店，販售各式各樣的商品，是新興的購物中心。

開放時間	11:00 ～ 20:00（食肆至 22:00）
交 通	地下鐵南港港城線「貿易中心前站」2 號出口出站向東南步行 3 分鐘
地 址	大阪市住之江區南港 2-1-10
電 話	06-6615-5000
網 址	www.atc-mare.com

6. 大阪護國神社

位處住之江公園內，擁有大阪府中最大鳥居的神社。祭祀為國捐軀的殉難者之靈。每年都會在這裏舉行多個祭典。

交 通	地下鐵四橋線「住之江公園站」向北步行約 2 分鐘
地 址	大阪市住之江區南加賀屋 1-1-77
電 話	06-6681-2227
網 址	www.osakagokoku.or.jp

7. 住之江溫泉

由地下 700 公尺深的地方所湧出的天然溫泉，是大阪市內難得一見的天然溫泉。

開放時間	10:00 ～ 02:00（最後入館時間 01:00）
休 息 日	不定期（可能會臨時停業）
交 通	地下鐵四橋線「住之江公園站」2 號出口出站向西步行約 3 分鐘
入 場 費	平日：成人 600 円；兒童 300 円；3 歲以下免費／週末及假期：成人 700 円；兒童 350 円；3 歲以下免費
地 址	大阪市住之江區泉 1-1-82
電 話	06-6685-1126
網 址	www.spasuminoe.jp

不可不知的泡湯須知

泡溫泉除了可消除疲勞和舒緩壓力外，更是美容的一個好方法。泡溫泉可以幫助血液循環，在白雪紛飛的冬季來個溫泉浴是很多人夢寐以求的最高享受。想要泡個好湯，正確步驟不可不知：

1. 切勿心急先洗淨：要先淋浴後浸泡（盡量避免未洗淨的頭髮浸泡到水裏）。
2. 暖手暖腳暖腰間：先讓身體適應溫泉水，勿未暖身熱水就浸泡過心臟或以上位置。
3. 分段浸泡勿過時：因應每個人的體質而定，每次浸泡切勿超過 15 分鐘。
4. 時間控制好重要：需長期浸泡時應每 10 分鐘離開水面休息，不要勉強浸泡。
5. 泡後補水助循環：泡溫泉後皮膚會變得乾燥，應為皮膚補濕，亦應同時補充體內流失的水分，幫助新陳代謝。
6. 結伴同行樂趣多：不是經常泡溫泉者，在未清楚自己體質前應結伴同行，有個照應。

👍玩家推薦

大阪哎洲行政大樓（WTC）的夕陽在海平面西沉，緊接而來的是 360 度的迷人夜景，帶來另一番的感動，最適合情侶約會的好地方。

玩家
叮嚀

泡湯也有需要遵守的禮儀和禁忌：

· 於浸浴時應保持安靜，不要大聲喧嘩騷擾他人。
· 患有傳染疾病者、明顯有醉意者及女性生理期間禁止入浴。
· 患有高血壓、心臟病、糖尿病等病者入浴時間不能過長亦不能浸高溫浴（42 度以上）。
· 食太飽或空腹者、老人及 3 歲以下幼兒不適宜入浴。
· 入浴後身體上殘留下的溫泉成分不用沖走。
· 乾性及過敏性皮膚應避免入浴。

大阪市浪速地區的
重要景點與美食介紹

浪速區是日本面積最小的行政區。JR 鐵路及南海電車的難波站皆位處於此區內,而新世界及惠美須也屬浪速區的一部分。除東京的秋葉原外,大阪的日本橋亦是動漫愛好者朝聖的地方,也是日本有代表性的電器街之一。

▲大阪市浪速地區圖

景點介紹

1. 難波八阪神社

八阪神社最具特色的是其獅子殿的外貌，是日本的獅子舞台。每年夏天的宵宮祭及本宮祭是八阪神社的大祭典，他們會乘船巡行千日前、道頓崛等河道。

交　　通	地下鐵四橋線「大国町」或「なんば」徒步 7 分鐘或南海電車「なんば」徒步約 6 分鐘
入 場 費	免費
地　　址	大阪市浪速區元町 2-9-19
電　　話	06-6641-1149
網　　址	nambayasaka.jp

2. 大阪府立體育會館

每年三月日本會舉辦相撲比賽，相撲是日本的國技，故此日本人都非常重視這項比賽，大阪府立體育會館更是重要的比賽場地之一。

3. 朝日劇場資料館

擁有百年歷史的朝日劇場，保存着最傳統的演劇技術。在資料館內展示了關於朝日劇場的歷史和相片等資料。

開放時間	11:00 ～ 17:00
交　　通	地下御堂筋線「動物園前駅」徒步約 5 分鐘
入 場 費	成人 300 円
地　　址	大阪市浪速區惠美須東 2-1-26
電　　話	06-6633-4553
網　　址	www.hashimototochi.co.jp

4. 湊町

湊町的標誌是一座八角形的建築物，在那裏會定期舉辦跳蚤市場和音樂會等活動。晚間時分，那裏寧靜的氣氛，再加上迷人的夜景，吸引了不少情侶。

5. 新世界

通天閣是新世界的地標，從通天閣展望台可以遠眺整個天王寺的美景。新世界是昔日老大阪最熱鬧的地方，那裏有地道小吃，還有傳統的圍棋館等。

通天閣	
營業時間	09:00 ～ 21:00
費 用	成人 700 円；小學生 300 円
交 通	地下鐵或阪堺電車「惠美須町」徒步 3 分鐘
地 址	大阪市浪速區惠美須東 1-18-6
電 話	06-6641-9555
網 址	www.tsutenkaku.co.jp

6.NAMBA CITY（大阪難波城）購物商場

南海電車站內的購物商場，位於地下街與高島屋、地下鐵站等相通，提供了
舒適的環境讓旅客盡情購物。

7.惠美須阪堺電車站

在城市中帶有懷舊風味的路面電車總站之一。主要是連接大阪與堺市的交通。
在商店林立的惠美須遇上此車站，突顯出一股復古的味道。

8.日本橋

日本三大電器街之一，是御宅族朝聖之
地，還可找到絕版的模型或玩具，更有
多間特色的咖啡館或餐廳吸引旅客。

交　　通	地下鐵堺筋線「惠美須町」徒步約 2 分鐘或南海電車站徒步約 5 分鐘
地　　址	大阪市浪速區日本橋

9.上方浮世繪館

私人的美術館，唯一以京阪浮世繪為
主題的美術館。

開放時間	11:00 ～ 18:00（最後入館時間為 17:30）
交　　通	地下御堂筋線「なんば」徒步 5 分鐘
入場費	成人 500 円；中、小學生 300 円
地　　址	大阪市浪速區難波 1-6-4
電　　話	06-6211-0393
網　　址	www.kamigata.jp
優惠禮品	kamigata.jp/present（出示此地圖即可獲贈名信片一張）

A.「キャベツ焼」（椰菜燒）

大阪多個地方都有其分店，是昔日留傳下來的洋食燒，以低價售賣的椰菜燒一份只有 243kcal 的低熱量食品特別受女性的歡迎。

價　　錢	一份 140 円
營業時間	10:00 ～ 01:00
交　　通	南海電車難波站或 Namba city 徒步 1 分鐘
地　　址	大阪市浪速區難波中 1-18-18
網　　址	goo.gl/iLxV1Y

B. 燒肉／火鍋

來到日本，當然要嘗嘗純正的日本碳火燒肉及日本的 SHABUSAHBU，大阪市內到處都是燒肉及火鍋的任食放題，皆因可以汽水或啤酒飲到飽。喜歡任飲，價錢比獨食放題貴 400 円（不包括酒精飲品）～ 1,500 円（包括酒精飲品）不等，要視店家所提供的選擇而定。

推薦店家	• 榮華亭（價錢較便宜，選擇較少，只有日文版餐牌） • 風風亭（價錢較貴，選擇較多，肉質賣相平平） •「あぶりや」（價錢較貴，選擇較多，肉質賣相極佳，但需訂位）

▲燒肉 / 火鍋放題

▲燒肉 / 火鍋放題

▲源平大阪燒煎餅

▲最愛的牛筋煎蒟蒻

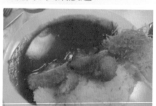
▲自由軒咖喱飯

▲金龍拉麵（白飯前菜吃到飽）

▲ HARU 著名的豚肉蒸

▲ HARU 豚肉專門店上等豚肉

C.だるま串燒

有八十多年歷史的元祖串炸店，是位於新
世界內的老店。串炸以每串計算，亦有關
東煮供應。日本人最愛左手一口生啤，右
手一串炸物，與朋友相聚的好去處。但由
於是元祖老店，串炸的價錢並不便宜，想
要吃得飽，就要先有心理準備啊！

營業時間	11:00 ～ 21:00
地　　址	大阪市浪速區惠美須東 2-3-9
電　　話	06-6645-7056
平均預算	1,500 円～ 2,500 円
網　　址	www.kushikatu-daruma.com

D. 「づぼらや」河豚店

在日本的河豚，已經是人工
飼養的，故此大家可以放心
進食。大阪的河豚特別有名，
尤其是「づぼらや」以平價
推出的定食或套餐最吸引。

營業時間	11:00～23:00
休息日	1月1日
交通	地下鐵「動物園前」站徒步5分鐘
地址	大阪市浪速區惠美須東2-5-5
電話	06-6633-5529
推介	河豚小鍋定食套餐或御膳
網址	www.zuboraya.co.jp

E. 大興壽司本店

位於「ジャンジャン」橫丁
內的一家壽司店，以超市的
價錢售賣品質較高的握壽
司，這裏大部分的壽司都是
以150円三件計算，但味道
卻比迴轉壽司的更佳。

營業時間	11:00～21:00
休息日	星期四
交通	地下鐵「動物園前」站徒步3分鐘
地址	大阪市浪速區惠美須東3-2-18
電話	06-6641-4278
推介	550円握壽司套餐

F.「お好み燒」（煎餅）

「お好み燒」的意思是隨着自己喜歡的口味去做的煎餅，除了原先既有的做法以外，還可以把自己喜歡的材料或調味料加進去。每個地方的煎餅名稱都會以地名命名：廣島的「お好み燒」叫「廣島燒」，在煎餅中加入炒麵是它的特色；大阪的「お好み燒」叫「大阪燒」，只會加上海鮮或肉類等不同的配料做出來的。有些店是給顧客在鐵板上自己製作的，但大部分大阪燒的都是由店主來做。每家店鋪的風味各有不同，要做到外脆內軟才是極品。

推薦店家 源平（有中文和英文菜單）

▲「お好み燒」（煎餅）

G.「ジャンジャン」橫丁（通天閣橫町）

在這裏會找到市區內難得一見的舊式「站著吃」的食店，上班一族甚為喜愛的店鋪。

店內沒有椅桌，在內消費的甚少為女性及小孩。橫丁內「站著吃」店家則以關東煮及串炸為主。雖然店內的空間少，但卻有一份親切感，日本人都會與店主聊天，就算只有一人進膳也不覺孤單。

▲「ジャンジャン」橫丁　▲大阪人形燒　▲赤垣屋迴轉壽司本店

▲「なか卯」廉價烏冬及蓋飯「丼ぶり」速食連鎖店

▲保留着傳統特色的圍棋館

大阪市中央區域的重要景點與美食介紹

中央地區是關西地區交通網絡中心地帶之一，南海線、近鐵線、阪神線、地鐵的難波站都位於此。是次於梅田的著名購物區。昔日的中央區南部是大阪市重要的行政區之一，後來發展成為現今著名的購物區，千日前、心齋橋、道頓崛等商店街均集中於此，還有多間大型購物中心，如大丸、0101、Namba Park 等。普遍來說，難波地段一帶的物價比梅田及大阪的較低，因為這裏除了大型商場外，還有平民化的商店街。

▲中央區域圖

活動

大阪城「城燈之夜」

日本傳統以燭光來寄託希望，多個府縣每年都會舉辦相關活動。每年 8 月在大阪城所舉行「城燈之夜」，在本丸廣場、西之丸庭園及山里丸一帶放置著數以萬計的燈籠或蠟燭，讓市民能夠借用燭光來表達祝福。大阪城內到處可見由不同團體（主要以中、小學生為主）在燈罩上寫上願望，祈求日本能有更好的一年。

大阪城網頁：www.osakacastle.net

祭典

「十日戎」

「惠比須」又名「惠比壽」即日本的財神。每年 1 月 10 日於大阪今宮戎神社所舉行的「十日戎」祭就是店主祈求財神保佑生意興隆、一帆風順的祭典。在神社裏會有一個位置供店主丟棄過去一年所用過的吉祥物，並隨即帶著從神社內免費送給遊客新的吉祥物回去，代表來年順風順景，財源滾滾來。

網址：www.imamiya-ebisu.net

景點介紹

1. 大阪城

是大阪象徵，日本三大名城之一。除大阪城天守閣本身建築外，要特別注意的是其石牆，利用堪稱日本最大石垣而建成的，有別於其他城池以碎石建成的來得有特色。

天守閣	
開放時間	09:00 ～ 17:00（最後入館時間為 16:30）
休 息 日	12 月 28 日～翌年 1 月 1 日
交 通	地下鐵中央線「谷町四丁目駅」徒步 3 分鐘
入 場 費	成人 600 円；中學生或以下兒童免費
地 址	大阪市中央區大阪城 1-1
電 話	06-6941-3044
網 址	www.osakacastle.net

2. 豊國神や社

位於大阪城內祭祀秀吉公的一個神社。在這裏會定期舉辦華道、書道及茶道教室。

 大阪城內

網　址 www.apsara.ne.jp/houkoku

3. 歷史博物館

位於大阪城附近的歷史博物館內有常設展示廳展出古代至現代的歷史文物，亦有特別展覽不定期舉辦。

開放時間	09:30 ～ 17:00（星期五閉館時間至 20:00）
休　息　日	每個星期二及年末年始
交　　通	地下鐵中央線或谷町線「谷町四丁目」駅 2 號出口徒步 1 分鐘
入　場　費	成人 600 円；高中生及大學生 400 円；中學生或以下兒童免費
地　　址	大阪市中央區大手前 4 丁目 1-32
電　　話	06-6946-5728
網　　址	www.mus-his.city.osaka.jp

4. 大阪城音樂廳

大阪城公園內的一個市立戶外音樂場地，有完善的擴音及照明裝置，可舉辦音樂會和演講會等活動。

 大阪城公園內

5. 難波宮跡公園

在大阪城附近，是飛鳥及奈良時代的難波宮殿遺跡。大阪歷史博物館內有相關的資料介紹。

網　址 goo.gl/vODnzg

6. 南船場

昔日著名的購物區，但後來由於心齋橋及美國村的出現，使南船場的商店變成更有個人風格、特色的雜貨店，走另類的路線。

7. 堀江

由於這裏有很多優雅的咖啡廳、餐廳等，故這裏的店鋪也跟著成為了高雅時尚的購物場所。

8. 適塾

於幕末至明治維新期間活躍一時、人材輩出的一個私塾。

開放時間	10:00 ～ 16:00
休息日	星期一、連續假期翌日及年末年始（12 月 28 日～翌年 1 月 4 日）
交　通	地下鐵御堂筋線「淀屋橋」駅徒步 5-8 分鐘
入場費	成人 250 円；學生 130 円
地　址	大阪府大阪市中央區北浜 3-3-8
電　話	06-6941-3044
網　址	goo.gl/Q8oLVF

9. 天神筋商店街、心齋橋、千日前

中央區著名的商店街，各式各樣、琳瑯滿目的商店，食肆等是遊客來朝聖的地方。

10. 道頓堀

主要以食肆為主，兩旁可見大型裝飾吸引遊客，最著名的當然是「かに道」的大螃蟹，旁邊就是著名的心齋橋。

11. 黑門市場

又名大阪廚房，售賣新鮮肉類及海鮮的店鋪種類繁多，還有超市、百貨店、100 円店等。為了方便旅客，最近還多了休憩間，內有桌椅、洗手間及免費 WiFi 供遊客使用。

12. 御堂筋銀杏

每年踏入 11 月，御堂筋兩旁的銀杏葉便會開始變黃，全長約 4 公里的御堂筋頓時變得不一樣。兩旁八百多棵的銀杏樹全變成黃色，從高處俯瞰的角度最為吸引，變成了一條延綿不斷的黃色銀杏路。

美食介紹

A.「ラーメン」（拉麵店）

一蘭、四天王、金龍、一風堂等為日本著名的拉麵店，其中金龍拉麵是大阪獨有的拉麵店，只賣叉燒拉麵一種，沒有其他的拉麵選擇，白飯前菜任食，是價廉物美的選擇。

B.「かに道」

戎橋旁必到景點之一，門外烤蟹腳的香味充滿道頓崛一帶，蟹腳刺身是這裏的特色，套餐包括不同種類的菜式，全以蟹為主，一個人套餐約 5,000 円起。

C. りくろーおじさんの店（芝士蛋糕店）

老爺爺芝士蛋糕店所售賣的芝士蛋糕，無論是熱食還是冷食，味道、口感都不一樣，各具特色，但同樣美味可口，是想一吃再吃的選擇。

固力果

雙手舉起衝線的固力果先生是心齋橋的地標，現在已是第五代的固力果廣告板，是心齋橋的必拍景點，其專門店設於千日前及道頓崛。

72

章魚燒

利用大粒章魚所製的章魚燒是大阪名物之一，隨處可見售賣章魚燒的攤販。每家味道、口感都不一樣。

年輪蛋糕

大阪的年輪蛋糕非常地有名，故無論在梅田還是難波也有很多提供不同口味的年輪蛋糕。

購物資訊

激安殿堂

激安殿堂外有個號稱世界唯一的橢圓形摩天輪，是 24 小時的百貨店。既然是百貨，當然甚麼貨品種類都有，包括食品、日常用品、衣服、鐘錶等應有盡有，價錢廉宜，只要花點時間，還有可能可以尋找到寶物，例如：限量版的手錶、衣服等，這裏還有退稅服務，是個誘惑敗家的地方。

交　　通	地鐵線「なんば」（難波）站 14 號出口徒步 15 分鐘
電　　話	06-4708-1411
地　　址	大阪市中央區宗右衛門町 7-13

批發公司

地下鐵「堺筋本町」站附近有好幾間不同規模的批發公司，如果有外國的公司證明更可申請成為會員，以批發價購物。

詳情請參閱以下網站：寺內批發公司：www. fanbi.co.jp ／丸光批發公司：www.proroute. co.jp ／船場（商店街）：www.semba-center. com

大阪市天王寺區域
的重要景點介紹

天王寺是大阪的一個主要商業區,是大阪環狀線的一個重要車站,近鐵、地鐵等多條鐵路、巴士等都可通往天王寺。

天王寺最著名的景點可算是四天王寺和天王寺動物園,另外,這裏有好幾個大型的商場,單是「Q's Mall」就夠走一整天。商場的空間既寬敞又明亮,逛街的好地方。除了商場,附近還有繁華街,有比較道地的貨品。天王寺的遊人比較少,因此這裏比難波及大阪少了一份擠迫感,人也會覺得比較輕鬆。

◀天王寺區域圖

祭典

生國魂神社の祭り

每年 7 月 11 日及 12 日於生國魂神社舉行的夏
祭中的「渡御祭」是傳統民間的一個祭典，模
仿昔日上千人排列出巡的壯觀現面。

網址：goo.gl/px6e1K

七夕

每年 7 月 6 日至 8 日都會在天王寺舉行的「七
夕のゆうべ」（七夕之夜）。當晚除了有攤位、
點燈式及星空觀望會等，最具特色可算是「笹
トンネル」（「笹」隧道）。市民都會在這隧
道中掛上祈願紙條，點燈式後這裏便成為了一
條光之願望隧道，祈求願望可達成。詳情可參
閱四天王寺網頁：www.shitennoji.or.jp

景點介紹

1. 四天王寺

四天王寺是大阪一所佛教重要的寺
廟，雖然經過戰火的洗禮，但還保存
着五百多種國寶和文化財產。

開放時間	堂外 24 小時開放
交　　通	地下鐵谷町線「四天王寺前夕陽ヶ丘」駅徒步 5 分鐘
地　　址	大阪市天王寺區四天王寺 1 丁目 11 番 18 號
電　　話	06-6771-0066
網　　址	www.shitennoji.or.jp

2. 天王寺動物園

城市中的人工動物園、別具特色，也同時帶給遊客反思保護大自然的重要性。

開放時間	09:30 ～ 17:00（夏季閉園時間會延長）
休 息 日	星期一及年末年始（12 月 29 日～翌年 1 月 1 日）
交 通	地下鐵「動物園前」駅或「惠美須町」駅徒步 5 分鐘
入 場 費	成人 500 円；中、小學生 200 円
電 話	06-6771-8401
網 址	www.jazga.or.jp/tennoji

3. 大阪市立美術館

位於天王寺公園內的美術館，收藏了多達 8000 件的日本及中國的藝術品，當中有很多都是國寶或重要文化財產。

開放時間	09:30 ～ 17:00（最後入館時間為 16:30）
休 息 日	星期一及年末年始（12 月 28 日～翌年 1 月 4 日）
交 通	地下鐵「天王寺」駅或近鐵「大阪阿部野橋」駅徒步約 2 分鐘
入 場 費	成人 300 円；高中、大學生 200 円；中學生以下免費
地 址	大阪府大阪市天王寺區茶臼山町 1-82（天王寺公園內）
電 話	06-6771-4874
網 址	www.osaka-art-museum.jp

4. 生國魂神社

天王寺區內的神社，主要祭祀的是生島大神和足島大神。江戶時代被稱為「難波大社」，每年 7 月 11 日及 12 日都會舉行生國魂祭。

交 通	地下鐵「日本橋駅」徒步 10 分鐘
地 址	大阪府大阪市天王寺區生玉町 13-9
網 址	ikutamajinja.jp

5. 慶澤園

擁有獨特設計的日本庭園，種植著多種名貴植物的慶澤園，位處天王寺公園旁，每年的櫻花及紅葉季節，都是遊人賞花的好去處。

交 通	JR 鐵路、地下鐵「天王寺」駅徒步 5 分鐘
網 址	goo.gl/JTWpc6

大阪市港灣區域「港區」的重要景點介紹

現在的港區是昔日淀川河口附近無數小島中的其中一個。戰後,由於多條交通路線的開通,天保山一帶現建有海遊館、摩天輪等大型觀光設施,逐漸成為大阪的重要旅遊景點之一。

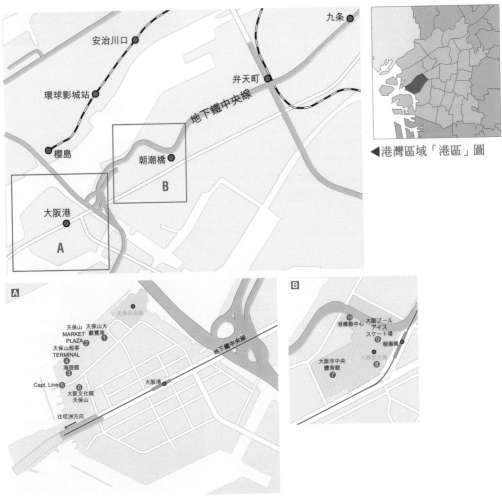

◀港灣區域「港區」圖

1. 天保山大觀覽車（摩天輪）

世界上直徑最大、最高摩天輪，是地標之一，可遠眺山駒山、明石海峽大橋、六甲山、關西機場等景色。

開放時間	10:00 ～ 22:00
休 息 日	與海遊館相同
交 　 通	地下鐵中央谷町線「大阪港」駅徒步 5 分鐘
乘 搭 費	3 歲以上 800 円
地 　 址	大阪市港區海岸通 1-1-10
電 　 話	06-6576-62226
網 　 址	www.senyo.co.jp/tempozan

2. 天保山購物中心

這裏除了有特色餐廳和商店外，還會有美術展覽和戶外表演等節目供遊客欣賞。特別要注意的是中心內的「なにわ區食い橫丁」美食街是一條保存着關西飲食文化代表的老鋪、元祖店等的懷舊街，在這裏除了美食外，還可以感受一下昔日老日本的生活。外面的廣場更不時會有各類的表演供遊客欣賞。

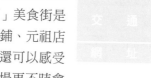

開放時間	11:00 ～ 20:00（部分餐廳至 21:00）
交 　 通	地下鐵中央谷町線「大阪港」駅徒步 5 分鐘
網 　 址	goo.gl/e93Jfs

3. 海遊館

世界上最大的海遊館，飼養著來自多個國家的海洋生物，而晚間的海遊館是另一番魅力的所在。館內有不同的體驗，可以與動物近距離接觸。

開放時間	08:30 ～ 20:30（最後入館為 19:00）
交 　 通	地下鐵中央谷町線「大阪港」駅徒步 5 分鐘
入 場 費	成人 2,300 円；中、小學生 1,200 円；兒童 600 円；3 歲以下免費
地 　 址	大阪府大阪市港區海岸通 1-1-10
電 　 話	06-6576-5501
網 　 址	www.kaiyukan.com

4. 帆船型觀光船「サンタマリア」 （聖瑪麗亞號）

大阪有水都之稱，4 種遊覽船其中的一艘，從大阪
港出發約 45 分鐘的航程，讓乘客飽覽大阪港壯麗
的景色。

開放時間	11:00 開始，每小時整點出航
乘船費	「デイクルーズ」日間航程：成人 1,600 円；兒童 800 円（另有夜間航程）
交通	地下鐵中央谷町線「大阪港」駅徒步 5 分鐘
地址	海遊館西側碼頭
網址	goo.gl/OZ77Uw

5. 「キャプテンライン」（Capt. Line）

連接大阪港與櫻島之間的水上交通，航程只需 10 分鐘，從櫻島碼頭再徒步約 5 分鐘
即可到達大阪環球影城。

乘船費	中學生以上 700 円（單程）；1,300 円（來回）＊其餘乘船費及海遊館共通券可參考相關網頁
交通	海遊館徒步約 1 分鐘
網址	goo.gl/lh8VNa

6. 大阪文化館（天保山）

內有不同主題的展覽，包括：博物展、美術展、動漫展等舉辦多姿多彩文化活動的
場地。

開放時間	09:00 ～ 18:00
交通	地下鐵中央谷町線「大阪港」駅 1 或 2 號出口徒步 5 分鐘
地址	大阪府大阪市港區海岸通 1-5-10
電話	06-6586-5501
網址	www.osaka-c-t.jp

 玩家教你省　食肆介紹：goo.gl/kn6q3f　　「なにわ區食い横丁」食肆優惠券

大阪市此花地區的
重要景點介紹

大阪環球影城正位於此花地區內，最近新建成的哈利波特主題樂園區成為了焦點，這個主題樂園區玩一整天也不夠，可考慮在附近舞洲的營區住一個晚上，第二天再繼續環球影城其他園區攻城的計劃。

另外，舞洲的擴建，使此花區更變成了教育園區，除了有綠地、體育設施及康樂設施以外，在舞洲還有大阪環保工廠（垃圾工廠）提供不同的見學活動。

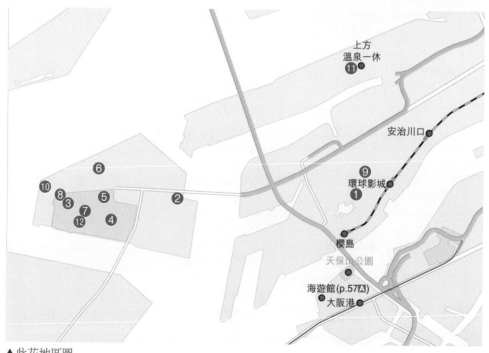

▲此花地區圖

景點介紹

1.「ユニバーサル」（環球影城）

全名 Universal Studios Japan（故常被稱為 USJ）。內設多個主題園區，帶給遊客感動與驚喜，而又難忘的一個奇妙旅程。

開放時間	09:00 ～ 21:00（因應季節有所不同）
交　　通	於 JR 西九條換乘 JR 夢咲線至「ユニーサルシティ」（環球城）站
入 場 費	成人 7,200 円；兒童 4,980 円；長者 6,470 円（＊另有 2 天券和環球特快入場券，請參考相關網頁）
網　　址	www.usj.co.jp/hk

2. 大阪市環境局舞洲工場

由奧地利國寶藝術家 Hundertwasser 所設計的垃圾處理工場，結合綠化及環保而建成的舞洲工場，單是外貌就像夢幻樂園般非常吸引人，內部還有完善的見學設備，分為不同程度展現出垃圾處理的過程，從中帶出環保的意識，是很值得一到的地方，可惜必須要有懂日語的人同行才可進行見學活動。

見學時間	10:00、13:00、15:00 每個時段約 1.5 小時
見 學 日	星期一至星期六
費　　用	免費
交　　通	JR 夢咲線「桜島」站下車轉乘北港觀光巴士（舞洲アクティブバス）至「環境局前」站下車
網　　址	goo.gl/L00NNh（見學申請網址）

3. ロッジ舞洲

提供酒店、一幢式別墅及露營區等住宿，擁有綠草如茵的大自然景色，是個理想的度假勝地。

交 通	JR「西九条」站換乘市營 81 號至「舞洲スポーツアイランド行」巴士終點站下車。或 JR「西九条」站換乘 JR 夢咲線「桜島」站下車再乘「舞洲アクティブ」巴士至「ロッジ舞洲前」站下車
地 址	大阪府大阪市此花區北港綠地 2-3-75
電 話	06-6460-6688
網 址	www.lodge-maishima.com

4. 舞洲ベースボールスタジアム

擁有國際級設備及設施的棒球場，可容納 10,000 位觀眾之多。

5. 舞洲アリーナ

多用途體育館，舉行演唱會、舞蹈及運動比賽等大型活動場所。

6. 舞洲の磯

舞洲之北西海岸的人工堤岸，沿岸漫步，可遠眺六甲山及神戶港。

7. 舞洲綠地

公園內有大型的遊樂設施及休憩設施。

8. 新夕陽ヶ丘

日本夕陽百景之一 。

9. 大阪章魚燒博物館

章魚燒是大阪的名物之一，以大粒章魚吸引遊客，另外在章魚燒上加上的沙拉醬及柴魚片，提升了章魚燒的味道，在這裏能看到更多有關大阪章魚燒的資料。

開放時間	11:00 ～ 22:00
入場費	免費
交　　通	於 JR 西九條換乘 JR 夢咲線至「ユニーサルシティ」（環球城）站
地　　址	大阪市此花區島屋 6 丁目 2 番 61 号 4 樓

10. 大阪舞洲ゆり園

園內盛開着超過二百朵「ゆり」（百合花），遊人可以沿海岸觀賞色彩繽粉的百合花田。

開園時間	5 月底至 7 月初（季節限定）
開放時間	09:00 ～ 19:00
入 園 費	成人 1,200 円；兒童（4 歲～小學生）300 円；學生優惠票（國中生～大學生）600 円
地　　址	大阪市此花區北港綠地 2 丁目
電　　話	065-7002-1187
網　　址	www.yurien.com
*優惠套票 1：配合 HOTEL UNIVERSAL PORT 自助午餐及入園費：成人 2,300 円；小學生 1,100 円	
*優惠套票 2：配合「一休」天然溫泉入浴券及入園費：平日：成人 1,300 円；週末及假期 1,500 円	

11.「一休」上方溫泉

「一休」上方溫泉館與「舞洲ゆり園」合作推出套餐與溫泉券的套票，可同時享受美食之餘，也能享受溫泉之樂。

開放時間	10:00 ～ 02:00
入 浴 費	平日：成人 700 円；兒童 350 円／假日：成人 800 円；兒童 400 円
交　　通	JR 西九条換乘接駁巴士或換乘 59 號巴士至「西島 5 丁目」下車
地　　址	大阪市此花區西島 5 丁目 9-31
電　　話	06-6467-1519
網　　址	www.onsen19.com

12. 舞洲陶藝館教室

在開發大阪港的同時，掘出了大量的海底黏土，可利用這些資源來製造各式各樣的陶藝品。由於昔日大阪港稱為「難波津」，故這些陶藝品又會被稱為「難波津燒」。

開放時間	10:00 ～ 18:00
休 息 日	星期一、五及年末年始
地　　址	大阪市此花區北港綠地 2 丁目 2-98
電　　話	06-6463-7282
網　　址	maishima.com

大阪市其他地區：
鶴見地區景點介紹

鶴見地區擁有以不同國家為主題塑造出的花博紀念公園和適合血拼族的 Outlet，可以同時滿足戶外活動與購物樂趣。

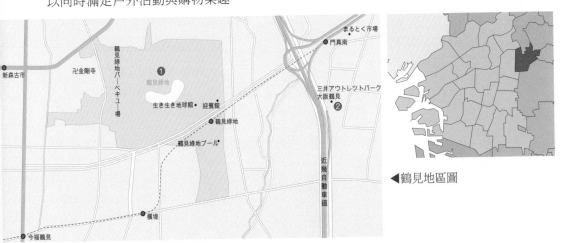

▲鶴見地區圖

1. 鶴見綠地公園

花博的紀念公園，四季的花卉鮮豔奪目，以不同國家為主題而塑造出各具特色的庭園。佔地面積達 120 公頃，有多種娛樂及運動設施，適合一家大小遊樂的好地方。

入 場 費	額外的設施另外收費
交 通	地下鐵長堀鶴見綠地線「鶴見綠地」站
地 址	大阪市鶴見區綠地公 2-163
電 話	06-6912-0650
網 址	www.osakapark.osgf.or.jp

2. 鶴見 OUTLET

除了神戶垂水的三井 OUTLET 外，還有一個在大阪市區內，交通非常方便的鶴見三井 OUTLET。對於血拼一族來說是個很不錯的選擇。

開放時間	11:00 ～ 20:00
交 通	地下鐵長堀鶴見綠地線「門真南」站徒步 5 分鐘
地 址	大阪府大阪市鶴見區茨田大宮 2-7-70
電 話	06-6915-3939
網 址	www.31op.com/osaka/sp

大阪市其他地區：
住吉地區景點介紹

此區擁有大阪最著名的神社，也是舉辦祭典不勝枚舉之處。

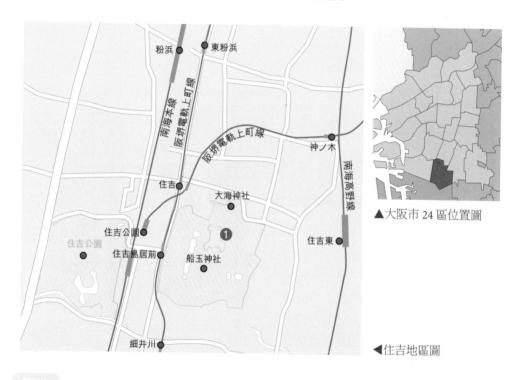

▲大阪市 24 區位置圖

◀住吉地區圖

祭典

在住吉所舉行的祭典多不勝數，其中以御田植神事及住吉夏祭 2 個最為有特色。

御田植神事（6月14日）

每年以稻作開始，各地都會有祭祀神明以求一年好收成的祭典，唯獨住吉神社仍然保存著最傳統的禮儀，舉辦一場華麗而盛大的儀式，而這儀式亦被指定為日本重要的無形民俗文化財產之一。

夏祭（7月底至8月初）

大阪三大夏祭之一，8月1日的神輿渡御祭是這個祭典的高潮所在，市民會由住吉大社出發，扛著神輿從住吉市走到堺市，然後渡大和川為止。

「七五三祝祭」對日本人來說也是一個重要的祝祭，為了祈求孩子能快樂健康地成長，每年11月15日後的星期日，在住吉神社內穿著可愛和服的小朋友到處可見，3歲及5歲的男孩、3歲及7歲的女孩都會前來參拜。
除此之外，亦有很多人會選擇在這裏舉行結婚儀式，在這裏進行的是傳統的婚禮儀式。在反橋前留影亦是新婚夫婦必拍景點之一。

▲夏祭

▲御田植神事

▲夏祭

▲御田植神事

1. 住吉神社

是大阪最著名的神社,是全國住吉神社的總本宮。反橋(朱紅色的拱橋)、石舞台和御田等是住吉神社的象徵。每年除夕夜來祈求新一年順景的人都會擠滿神社,有機會一定要去體驗一下。

交　　通	阪堺電鐵阪堺線「住吉公園」駅徒步 2 分鐘、南海電車南海本線「住吉大社」站
地　　址	大阪市住吉區住吉 2 丁目 9-89
電　　話	06-6672-0753
網　　址	www.sumiyoshitaisha.net

大阪市周邊區域景點介紹

具有「森林浴之森 100 選」之一的公園、曾在 1970 年舉辦萬國博覽會的地方、大阪府中第二大市區和最著名的 PL 花火大會地點。

万博紀念公園

是 1970 年舉辦萬國博覽會的紀念公園。公園內最具代表的「太陽塔」，其象徵著過去、現在和未來萬物中所擁有的能量和生命力。園內不同的運動及文化設施、日本庭園、燒烤場等應有盡有，一年四季皆有不同的花卉供遊人觀賞，其中以 2 月梅、4 月櫻最為有代表性。

交 通	阪急電車「南茨木」站、「山田」站及「蛍池」站、地下鐵御堂筋線「千里中央」站
地 址	大阪府吹田市千里万博公園 1-1
電 話	06-6877-7387
網 址	www.expo70.or.jp

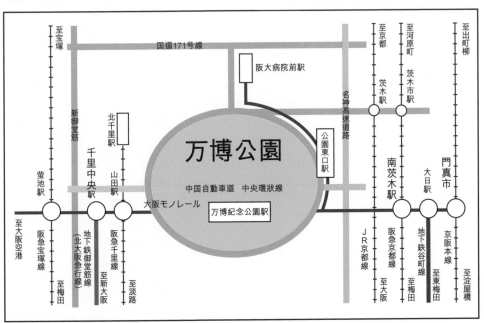

▲万博紀念公園路線圖

▲太陽塔

箕面公園

是「森林浴之森 100 選」其中之一。公園內的「みのお大滝」（箕面瀑布）四季景色迷人而得名，秋天時更是觀賞紅葉的名所之一。

交　通	阪急電車箕面線「箕面」站北行約 400 公尺
地　址	大阪府箕面市箕面公園 1-18
電　話	07-2721-3014
網　址	www.mino-park.jp

▶箕面瀑布

堺市

大阪府中第二大市區、在這裏陸續發現了大
量舊石器時代出土的文物及遺跡，是保存著
傳統及歷史的城市。古墓、寺院、老街、文
物古蹟及路面電車皆是堺市的特色景點。茶
道及刀是堺的最要傳統文化，其中千利休宅
地遺址是其中一個著名的景點之一。

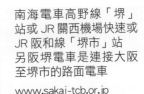

| 交 通 | 南海電車高野線「堺」站或 JR 關西機場快速或 JR 阪和線「堺市」站 另阪堺電車是連接大阪至堺市的路面電車 |
| 網 址 | www.sakai-tcb.or.jp |

旅人隨筆

「大阪弁」

還記得第一次聽到大阪腔是在打工的中華料理店裏老闆娘跟結帳的客人說：「おおき
に（okini）」，當時覺得很奇怪，查字典也找不到其意思。後來終於忍不住問老闆
娘，才知道原來這句話是「大阪弁」（大阪腔），就是「ありがとうございます」
（arigatougozaimasu），「多謝」的意思。大阪人對著大阪人才會說的大阪腔就跟香港人
的廣東話差不多，簡單、親切、不造作和不虛假。

富田林

花火大會

大阪最著名的 PL 花
火大會就在這裏舉
辦，每年 8 月 1 日晚
上 7：55 分舉行的花
火大會共有 120 萬
發，因此吸引大量遊
人前來觀賞。由於參
與人數眾多，花火大
會完結後都會有人流
管制，建議先買近鐵
的來回車券，並在花
火大會完結前就要準
備以第一時間離開。

A JUSCO
B 大會收費場
C PL花火大會現場

下午 3、4 點人流便開始多，道路開始封閉，想要
找個好位置欣賞花火，就要提早前往。也可選擇到
收費場所觀賞：大會收費場（3500 円）及富田林
JUSCO 屋頂（3500 円）等。

| 交 通 | 近鐵長野線「富田森」站北口徒步約 15 分鐘 |
| 網 址 | goo.gl/PWsFb7 |

物美價廉的大阪超市

大阪廉價超市以「玉出」及「業務」為主。前者為 24 小時營業的超市，有各式各樣
廉價的貨品。後者營業時間則到晚上 9 時，主要販售較大件的貨品，以餐廳業務為
對象，但亦有很多便宜貨供市民購買，還不時會有特價貨品。若果想要購買平價的
手信，不妨先到超市去看看。另外黑門市場內亦有 2 間價格較貴的高檔超市，有各
式各樣的日貨及外國貨選擇。

有關浪速區內超市的位置，可參考 P.60 的地圖或參考相關網址：「玉出」（地圖中
以「玉」字代表）：www.supertamade.co.jp/store。「業務」（地圖中以「業」字代表）：
goo.gl/LAs6nl

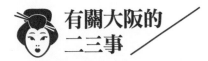

有關大阪的 / 二三事

「闖紅燈の大阪人」

大阪人擁有率直的性格，待人親切，但有時卻因為率直的性格而忘記了禮節。相較東京人愛理不理、不干涉別人、不喜歡與人深交的性格，大阪人則截然不同。東京人講求禮節，守規矩，但大阪人性急，在馬路上看到闖紅燈的多數是大阪人，而乖乖等候綠燈才過馬路的則是來自東京的。

大阪御堂筋上有很多小巷，小巷入口的斑馬線都有紅綠燈（幾步就可以走過的斑馬線），大阪人往往會不看燈就衝過馬路，而我當然是喜歡飛車，不理紅燈綠燈就勇往直前的半個大阪人啦！但有時候還是會發現有人乖乖地站在小巷入口等待的，那個就肯定是從東京來的客人囉！

什麼是大阪腔「大阪弁」

「大阪弁」是「關西腔」的一種，我們平時所說的日語是日本的標準語（亦即東京腔），聽起來讓人感覺比較有禮貌，而且在重要場合都會使用標準語作溝通語言。而大阪腔則是地方語言，雖有一定的語法和用法，但聽起來比較粗俗、爽快，亦因此令人覺得大阪人比較粗俗、沒禮貌。雖然如此，但大阪腔卻是帶有地方色彩的語言，讓人聽起來比較親切。

> ### 旅人隨筆
>
> 鬼世界——西成區
> 一次騎車因為迷路而不慎闖進一個鬼世界，那裏到處都有殭屍出現，還以為自己走到「陰屍路」裏去。下午的太陽雖猛，但那裏卻蘊藏著一股陰沉沉的氣氛，路上的人都面無血色，像行屍般漫無目的地飄移著，當時的我不能用鍵盤把他們打死（THE TYPING OF THE DEAD），只好拼了命逃跑，後來才知道那個地方原來叫做西成區，是流浪漢經常出沒的地方，一個與外面世界完全不一樣的地方，自此不敢再去那裏。

3

CHAPTER

京都篇

1200 年以上的
歷史之都

京都又常被稱為「歷史之都」，昔日的平安京開始至今擁有1200年以上悠長的歷史。京都市內分為11個區，每個區域都有其特色。走在京都街道上，有各種不同的寺廟和神社，尤以清水寺、金閣寺、二条城及銀閣寺最為著名。京都街道內更擁有高歷史價值的文化財產，更被登錄成為「古都京都の文化財」。另外茶道、和菓子、和服等都是京都的名物，在京都，總有一種說不出的古代氣息圍繞着。

擁有高歷史價值
文化財產的京都市

京都市位於京都府南部的內陸城市,可分為 11 區,或可以洛中為中心,而分為洛北、洛西、洛東及洛南 5 個地區(本書以 5 個地區作介紹)。京都市主要的景點集中在洛東地帶,而四条河原町則是京都最大的繁華街之一,市內還有賀茂川(鴨川)、桂川、宇治川等多條河流流經。

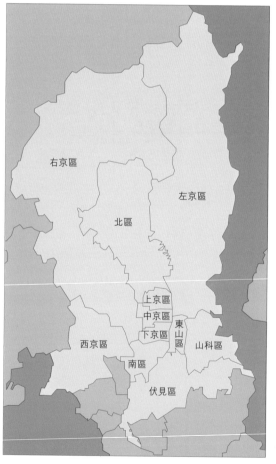

◀京都市的 11 個分區位置圖

本章節將會介紹京都市內相關的 Free Pass 及分地區性(比叡山、叡山電車、嵐山等)幾個 Free Pass,再分區介紹京都重要景點的特色及旅遊資訊。

▲簡單可分為洛北、洛西、洛東、洛南及洛中 5 區

京都交通

京都的巴士路線完善，故地下鐵的涵蓋範圍相對也較小。京都巴士站上
都有告示板清楚顯示巴士的運行情況，與台北市內巴士模式相似，告示
板上會顯示將要入站巴士的現況、到站時間等。

連接關西其他地區的交通有：JR鐵路（全國）、阪急電車（大阪、神戶）、
近畿鐵路（奈良）、京阪電車（大阪）

京都市內主要交通：市內巴士、市營地下鐵、嵐山電車（京福電車）、
叡山電車、石山坂線（京阪電車）、比叡山坂本纜車和男山纜車。
＊有關巴士及地鐵路線圖可參考 Free Pass 介紹

▼連接京都交通路線圖

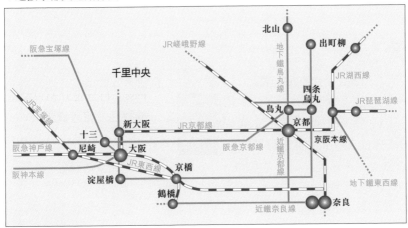

玩家解析

1. 前往四条祇園乘搭阪急比 JR 好，因為不用換車，也比較便宜。
   JR：大阪至京都車站（560 円）需再換乘巴士或地鐵到四条
   阪急：大阪至河原町（400 円）不用再換車
2. 阪急、阪神、南海等私營鐵路的票價是以區域計算的，即只需購買一張特定價錢的車券，
   就可以在這個價錢以內的距離乘車。即要來回大阪至河原町，可以預先購買 2 張 400 円
   的車券。
3. 可在「金券 SHOP」（P.98 有詳細介紹）購買優惠的車券（包括阪急、阪神及南海電車）
4. 如果同遊人數多的話，可考慮直接在車站內購買回數券（P.98 有詳細介紹），平均價格
   比原價低。

想要省錢，就要先認識一下「金券ショップ（金券 shop）」是什麼？

「金券 SHOP」所售賣的車券往往會比普通車券的定價便宜，皆因他們把不同私鐵（包括阪急、阪神及南海電車）的「回數券」購入後再以單張形式出售，這樣就方便了那些用不著多張「回數券」的顧客，可以低價

▲「金券ショップ（金券 SHOP）」即專賣特價票務的店鋪

購入單張「回數券」的車券。例如：從難波坐南海電車到關西機場單程 920 円，如果在金券 SHOP 購買週末及假日車券，則只需要約 710 円（視乎店鋪而定）而已。金券 SHOP 內有私鐵車券的價目表，但是每間店鋪的價格略有不同。「金券ショップ」除有車券出售外，還有其他票務提供，例如：圖書卡、電影票及商場禮券等，都以原價較低的價錢出售。

回數券

「回數券」以贈送優惠回贈長期顧客，故每張車券的平均價格往往比較便宜，而週末及假日的回贈優惠更多。

回數券分為 3 類：普通回數券、時差回數券、週末及假日回數券

· 普通回數券即不論日子及時間皆可使用之普通車費回數券，買 10 送一優惠。

· 時差回數券即只能於平日（10:00 ～ 16:00）內使用，比普通回數券多送一張，即買 10 送 2 的優惠，另有買 5 送一的優惠提供。

· 週末及假日回數券即只限周末及假日全日可使用，是 3 種回數券最便宜的一種，有買 10 送 4 及買 5 送 2 的優惠。

玩家教你省

就讓我來舉個例子讓大家更清楚回數券的使用方法吧！從大阪至京都河原町阪急單程 400 円，4 人同行，假日出發。需購買週末及假日回數券買 5 送 2 的車券，共七張，再另購一張普通單程車券。

所需費用：5×400+400=2,400 円（平均一人單程車費 300 円）

原本費用：400 円（單程）

即平均每人來回可省 200 円

京都市各類 Free Pass 介紹

＊京都交通車券「京都アクセスきっぷ」

從關西機場一下飛機，即可使用連接機場至京都河原町的鐵路前往京都等地，此券還包含了特急列車的特急券費用的折扣優惠，是個從機場前往京都既方便又划算的車券。

乘搭範圍

南海電車、大阪市地下鐵（堺筋線）、阪急電車（天神橋筋六丁目駅 —河原町駅）

割引券

南海空港特急「ラピート」的特急券原本 510 円減至 300 円
如需乘坐南海空港特急列車共需付 1,230 円 + 300 円 = 1,530 円

▼可自由乘搭範圍

車券簡介

↔ 4 月 1 日～翌年 3 月 31 日（每年更新）
📅 4 月 1 日～翌年 3 月 31 日（每年更新）
📆 一天
✔ 當天買當天即可使用
🚫 沒有
💲 成人 1,230 円
🏠 關西機場南海電車站
註 此券只適合單向使用（關西機場→京都）
網 goo.gl/NuUViT

最適合的玩法

關西空港 → 京都河原町

玩家教你省

機場—（南海 920 円 + 坐特急 300 円）→天下茶屋—（地下鐵 280 円）

→天神橋筋六丁目駅—（阪急 400 円）→京都河原町

全程車費：1,600 円（坐特急 1,900 円）

 省錢指數 370 円（坐特急省 570 円）

＊市巴及京巴 1 日乘車卡「市バス京都バス一日乘車券カード」

自從市營及京都巴士劃一收費的地區擴大後，共通一日券便開始廣泛被利用，故昔日的「市營巴士專用 1 日乘車卡」變成新的「市營及京都巴士共通券」，可利用的範圍擴大至嵯峨嵐山一帶，而京都巴士則改成全線劃一收費（230 円單程）。

乘搭範圍

京都市營巴士及京都巴士全線

割引券

「弥栄会館ギオンコーナー」（彌榮會館祇園角）、「小倉百人一首殿堂時雨殿」、「京都水族館」、「よしもと祇園花月」（吉本祇園花月）及「東映太秦映画村」的入場優惠

▼可自由乘搭範圍

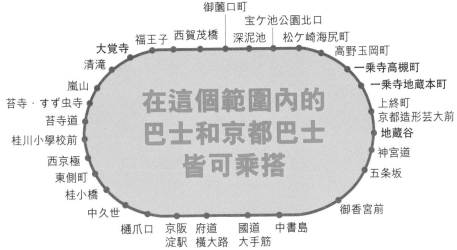

▲區域詳細路線圖

車券簡介

↔ 全年

📅 全年

📅 一天

✅ 當天買當天即可使用

🚫 沒有

💲 成人 500 円；兒童 250 円

🏠 市營巴士、地下鐵及京都巴士服務中心及售票處，市營巴士及京都巴士內。(巴士內發售數量有限，會出現售罄的情況)

註 至於高雄、桂・洛西、岩食、修學院及大原等地區是劃一收費以外的地區，故此乘車券並不適合使用。如需前往這些區域，需另補差額。

網 goo.gl/cDGbLi

▲市巴士專用 1 日乘車券
（舊版）

▲市巴及京巴 1 日乘車卡
（成人）

▲市巴及京巴 1 日乘車卡
（兒童）

最適合的玩法

一天內只以巴士遊走京都市的景點

102

第一次搭京都巴士

其實利用市營巴士或京都巴士的劃一收費區間內乘搭 3 次或以上即可值回票價，所以乘搭巴士時要特別注意以下幾件事：

1. 第一次使用乘車卡下車時需放入讀取機內，乘車卡上便會印上當天的日期
2. 之後乘搭巴士下車時只需向司機出示乘車卡即可
3. 深夜乘搭巴士時可能要額外收取費用
4. 未使用的乘車卡可向相關售賣場所退票，但需付手續費

京都巴士轉乘方法

建議出發前先編訂好旅遊的路線，然後在網上搜尋轉乘巴士的車號資料。

例：

京都馬駅前 →（28、9號）→ 西本願寺 →（9號）→ 二条城 →（12號）→ 大德寺 →（1、205號）→ 下鴨神社 →（100號）→ 京都馬駅前

玩家解析

「HARUKA」超特急

從關西機場到京都，也可以考慮乘坐 JR 的「HARUKA」超特急列車。從關西機場到京都，只需要約 75 分鐘，是個舒適快捷的選擇。單程費用：2,950 円，如果使用 JR KANSAI AREA PASS 一天券只需要 2,000 円即可乘搭其自由席。（可參考 P.20）

＊京都觀光 1 日或 2 日乘車券「京都觀光 1 日・2 日乘車券」

這是一個廣域 Free Pass，可乘搭京都市巴士（可乘範圍比普通市巴及京都巴士 1 日券較廣），亦可乘搭地下鐵。還包括了多種觀光設施的優惠券，有 1 天或連續 2 天的乘車券供選擇，適合到京都大部分主要景點遊覽的 Free Pass。

乘搭範圍

京都市營巴士全線、地下鐵全線及部分京都巴士（51 號：京都駅—比叡山；90 號：阪急嵐山駅—高尾；大原鞍馬線除外）

▼京都巴士和地下鐵路線圖

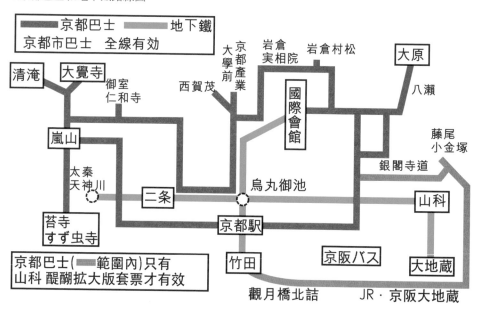

最適合的玩法

2 天都必須同時使用京都巴士及地下鐵之行程

▲地圖及設施優惠

車券簡介

⟷ 全年

🗓 全年

📅 一天或連續 2 天

✅ 當天買當天即可使用

🚫 沒有

💲 1 日券：成人 1,200 円；
兒童票 600 円
2 日券：成人 2,000 円；
兒童票 1,000 円
山科・醍醐擴大版（1 日券）1,300 円

🏠 市營巴士、地下鐵案內所、定期券發
賣所

註 山科區巴士只有「山科・醍醐擴大
版」才能乘搭。

網 goo.gl/zbOVMc

▲京都觀光一日乘車券

▲京都觀光兩日乘車券

玩家教你省

· 如果只在京都市內遊走一天，單買巴士 1 日券（500 円）和地下鐵 1 日
券（600 円）比較便宜，除非是想要利用此 Free Pass 前往洛北地區，但到
洛北地區旅遊，還是建議根據目的地選擇其他地區性 Free Pass 較划算（之
後有介紹）。

· 2 天 pass 平均一天 1,000 円，比單買巴士和地下鐵票便宜 200 円，可考慮
選用。適合 2 天行程都需要同時使用巴士及地下鐵的遊客使用。

＊京都世界遺産循環觀光巴士車券
「世界遺産めぐり・京都ひるバス」

一個讓遊客隨意乘搭的觀光巴士，行經京都大部分的主要觀光景點，路線簡單易明，每小時一班，車上更有觀光導覽語音服務，相比京都市內巴士路線繁多，這個車券可免去理解路面巴士的複雜路線，亦不會遇上巴士擠迫的情況，可舒舒服服地前往各個主要景點，更專為外國人而設有外語觀光導覽錄音機供借用。而且觀光巴士亦會途經其他非主打景點，故可選擇從車窗眺望各個景點，省時省事的車券。

乘搭範圍

主要途徑景點：西本願寺、二条城、金閣寺、下鴨神社、銀閣寺、清水寺（6個世界遺產）及晴明神社、北野天満宮、大德寺、平安神宮、知恩院、八坂神社、高台寺、三十三間堂。

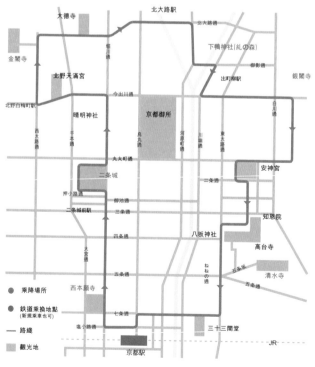

車券簡介

全年

星期六、日及假期

一天

出發前 3 日（出發前 2 週可供預約由京都車站出發的座位）

12 月 26 日～1 月 4 日

成人 2,100 円；兒童 1,050 円

京都車站定期觀光巴士車站、巴士上（二条城站、北野白梅町站、北大路站及出町柳站皆有售賣）

網 http://www.kyoto-lab.jp

予約方法使用方法

1. 出發前先預約確保有座位，若不預約亦可等下一班巴士。
2. 可同時預約外國人用錄音導覽，借用費 500 円，另需預繳保證金 2,000 円。

最適合的玩法

舒舒服服、免卻煩惱之京都遊走之旅

▲座位預約申請

玩家解析

若你猶豫到底應該購買循環觀光巴士車券還是市巴及京巴 1 日乘車卡。現提供這兩者的優缺點以供參考。

優點：循環觀光巴士途徑各個主要景點，但市內巴士則並沒有，必須轉乘不同巴士路線才可。這個 Free Pass 可為遊客省下搜尋路線的時間。

缺點：與市內巴士相比價格較昂貴，而且有些景點與循環觀光巴士站也有一段距離。

所以簡單説來，如果想一天內走完多個景點，應選擇購買循環觀光巴士車券；如果省錢為首要條件，那就應購買市巴及京巴 1 日乘車卡。

✳市營地下鐵 1 日自由車券
「市営地下鉄 1DAY フリーチケット」

於京都一天任意乘搭市營地下鐵的車券，包括部分觀光設施的優惠券。京都地鐵路線簡單，可到的景點不多，嵐山、金閣寺及銀閣寺等著名景點皆不包括在此路線上。此券只適合前往四条（祇園、錦小路及鴨川等一帶）、二条城、平安神宮、京都御苑及各優惠券所包括的觀光設施使用。

乘搭範圍

京都地下鐵全線（烏丸線：國際會館駅—竹田駅間及東西線：六地藏駅—太秦天神川駅間）

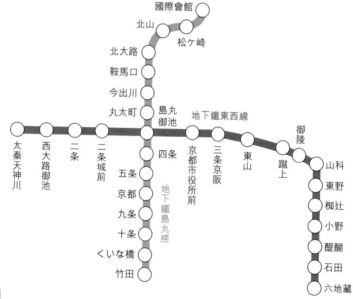

可用設施

成人與兒童的優惠不同。

成人券優惠：二条城、京都文化博物館、京都市動物園、京都市美術館、無鄰菴、
　　　　　　京都國際漫畫博物館、彌榮會館祇園角、京都水族館、吉本祇園花月
　　　　　　及京都府立植物園

兒童券優惠：京都文化博物館、京都國際漫畫博物館、京都水族館、吉本祇園花月

車券簡介

 全年
 全年
 一天
全年
一天
當天買當天即可使用
沒有
成人 600 円；兒童 300 円
市營巴士．地下鐵服務中心及定期券售票處、地下鐵各站售票處
註　未使用的乘車卡可向相關售賣場所退票，但需付手續費
網　goo.gl/o6IuqU

備註：於可乘搭範圍以外地區（近鐵線或京阪線）乘搭需另付車費

▲成人用車券

▲兒童用車券

最適合的玩法

一天內以地下鐵移動 3 次或以上之行程

玩家教你省

1. 適用於行程集中在京都地鐵沿線；

2. 京都地鐵車費以路程區分，5 種區分由 210 円至 340 円不等，即使用地下鐵來回一次 340 円區域就可值回票價。

省錢指數 340 円

✱ 100 円循環巴士「100 円循環バス」

下車時才付錢，可直接投入 100 円現金，或出示不同的乘車券或定期券（關西周遊卡 1 日或 2 日車券、京都觀光 1 日或 2 日乘車券、市巴或京巴 1 日乘車卡等亦可使用。最適合於中心街內酒店住宿的遊客前往附近地鐵站使用或從地鐵站前往中心街使用。

車券簡介

↔	全年
📅	星期六、日及假期
日	一天
✔	當天買當天即可使用
⊘	平日、1 月 1 日
$	成人及兒童票 100 円（每程計算）
註	京都市役所前站發車時間：11:00～17:50
網	goo.gl/yh6mIi

▲循環巴士前標示

▲車站站牌

最適合的玩法

中心街 ←→ 地鐵沿線的移動

路線

京都市役所前→烏丸御池→四条烏丸→四条河原町→京都市役所前（單向循環線行駛）

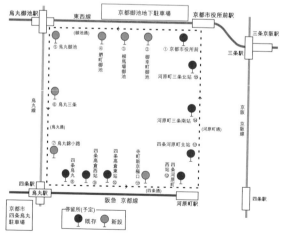

▲巴士行經各車站的順序（循環線）

車站名	
1 京都市役所前	
2 御幸町御池	御池通
3 柳馬場御池	
4 堺町御池	
5 烏丸御池	
6 烏丸三条	烏丸通
7 烏丸錦小路	
8 四条烏丸（地下鐵四条）	
9 四条高倉西詰	
10 四条高倉東詰	四条通
11 寺町・新京極口	
12 四条河原町西詰	
13 四条河原町北詰	
14 河原町三条南詰	河原町通
15 河原町三条北詰	

京都洛西 Free Pass 介紹

＊嵐電.東山 1 日車券「嵐電.東山 1DAY チケット」

嵐山是個值得花一到 2 天遊覽的地方，故建議如果是從大阪出發，可直接乘坐阪急電車到阪急嵐山站，單程車費約 400 円。但如果是暴走一族，想一天多走幾個地方的話，則可考慮使用這個包括不同鐵路的 Free Pass。

乘搭範圍

京阪電車、阪急電車及嵐電

備註

來回區域途中不能下車
來回區域限制：回程時必須與去程是同一車站

割引券

相關網頁：goo.gl/Tkr7nF

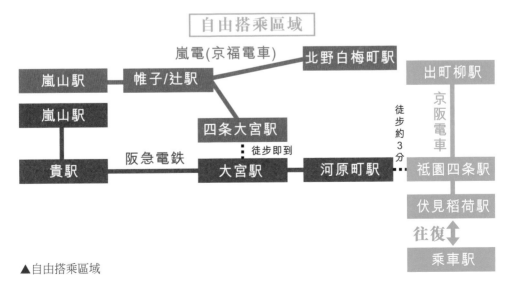

自由搭乘區域

▲自由搭乘區域

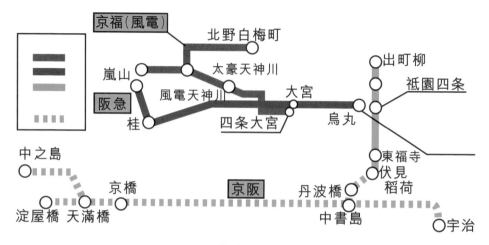

▲自由搭乘區域

車券簡介

↔	2月1日～12月23日（每年更新）
📋	購票當日
日	一天
✓	當天買當天即可使用
⊘	非售票期間
$	自由乘搭區域內車費：（成人 1,000 円；兒童 500 円）
	包來回淀屋橋（大阪）車費及自由乘搭區域車費（成人 1,300 円；兒童 650 円）
	其他車費：參考相關網頁
🏠	京阪線各站（大津線各站除外）
註	有其他地區票價
網	goo.gl/glIzXN

最適合的玩法

大阪 ⟷ 嵐山 + 伏見稻荷 / 祇園 / 京都車站

玩家叮嚀

1. 適合從大阪出發之行程
2. 如只到嵐山，則只需購買來回大阪—阪急嵐山的車券或回數券
3. 可到「金券 SHOP」購買阪急的回數券（可參考 P.98）。

＊嵐電 1 日自由車券「嵐電 1 日フリーきっぷ」

嵐電是連接京都市內至嵐山的京福電氣鐵道，北野線及嵐山線往往被稱為「嵐電」，其有一百多年的歷史。途徑鬧市至洛西景點的交通之一，每趟車費不論距離一律為成人 200 円，兒童 100 円。

乘搭範圍

京福電氣鐵道（嵐電）

備註

1. 只要在下車時向車長出示車券即可
2. 不可以乘搭妖怪電車

▼嵐電路線及觀光地圖

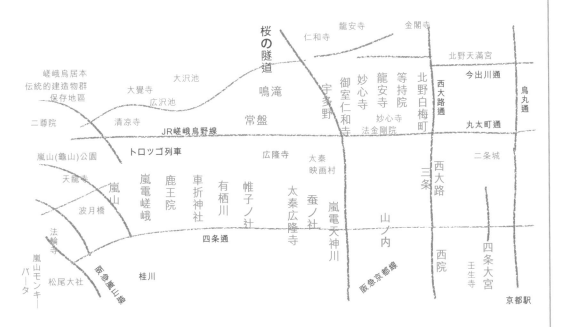

車券簡介

↔	全年
📅	全年
日	一天
✓	當天買當天即可使用
⊘	沒有
$	成人 500 円；兒童 250 円
🏠	四条大宮、帷子ノ辻、嵐山、北野白梅町之各站）
註	京都市內酒店及車內沒有發售此車券
網	randen.keifuku.co.jp/ticket/

▲嵐山滿山紅葉的美景

割引券

如有意到太秦映画村可考慮購買套票：入場券 + 來回乘車券 2 張，費用成人 2,300 円、高中生 1,400 円及兒童 1,200 円。

嵐山紅葉及櫻花資訊

每年 3 月底至 4 月初，嵐電北野線的鳴滝櫻之隧道是著名的賞櫻地點之一，為觀賞夜櫻而設的夜櫻電車更會在通過時刻意減速及關上車內的燈光。嵐山天龍寺、法輪寺及北野天滿宮皆是賞紅葉的名所，乘坐嵐山本線及北野線皆可到達這些地方。

最適合的玩法

嵐電沿線景點，乘搭 3 次以上嵐電

玩家叮嚀

1. 需乘搭嵐電 3 次或以上。
2. 適用於酒店位於京都四条大宮附近，需前往嵐山或北野等地遊覽者。
3. 如從大阪出發，可直接坐阪急電車到嵐山遊覽或購買。
4. 可配合 100 円循環巴士使用。

其他嵐電 Free Pass 介紹

「京都地下鐵 . 嵐電 1day チケット」（京都地下鐵 . 嵐電 1day 車券）	
可使用交通工具	嵐電 1DAY Pass ＋京都地下鐵 1DAY Pass
票 價	1,000 円
使用 TIPS	比分開購買嵐電（500 円）和地下鐵（600 円）的 Day pass 便宜 100 円。
相關網頁	goo.gl/60KGZ0

「嵐電 . 嵯峨野フリーきっぷ」（嵐電 . 嵯峨野自由車券）	
可使用交通工具	嵐電 1DAY Pass ＋京都巴士（京都市內－嵐山間及嵐山地區內）
票 價	成人 700 円；兒童 350 円
使用 TIPS	比「嵐電 1 日自由車券」多付 200 円可坐連接酒店至嵐電線和嵐山地區的京都市內巴士。
優惠券	goo.gl/k9uN1f

「嵐山 . 嵯峨野フリーきっぷ」（嵐山 . 嵯峨野自由車券）	
可使用交通工具	嵐山地區內巴士
票 價	成人 400 円（沒有兒童票）
使用 TIPS	如要到清滝、鳥居本、大覺寺和苔寺一帶才建議使用。
優惠券	goo.gl/BPLxDo

「高雄フリー乗車券」（高雄自由乘車券）	
可使用交通工具	JR 巴士（來回各一程：京都駅－四条大宮及自由乘搭區域：北野－山城高尾－槙尾－栂尾）
票 價	成人 800 円（沒有兒童票）
使用 TIPS	適合從京都市出發，前往參拜寺廟者使用（高山寺、西明寺、神護寺、竜安寺、仁和寺等）
優惠券	goo.gl/dfzxWI

京都洛北 Free Pass 介紹

＊叡山電車 1 日券「叡電 1 日乘車券ええきっぷ」

前往洛北，除了可從京都乘坐巴士外，還可以選擇搭乘從出町柳出發的叡山電車。
叡山電車的「きらら」(KIRARA) 號擁有敞大的車窗，讓乘客從車窗欣賞貴船鞍馬
的四季景色，尤以楓紅季節最為著名。

乘搭範圍

叡山電車 (鞍馬線及叡山本線) 全線不包括京都地下鐵及巴士，必須乘車到出町柳才
可開始使用。

割引券

超過 40 種優惠券：goo.gl/a8GFeOTIPS

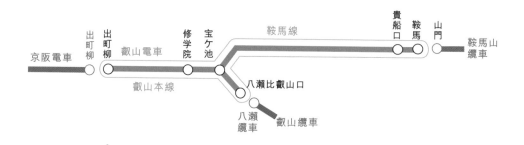

最適合的玩法

京都市 ←→ 鞍馬＋八瀨比叡山口 (觀賞紅葉)

車券簡介

⟷	全年
自	全年
日	一天
✓	當天買當天即可使用
⊘	沒有
$	成人 1,000 円 ; 兒童 500 円
合	出町柳站、修學院站事務所、鞍馬站
註	紅葉季節會有特別晚燈會
網	goo.gl/tS852b

▲「きらら」號各站及行車時間表

玩家
叮嚀

1. 參考車費 : 出町柳 - 鞍馬成人 420 円、出町柳 - 八瀨 260 円
2. 如果只需前往鞍馬或八瀨其中一個地方則不需選用此 Free Pass

＊鞍馬・貴船 1day 車券
「鞍馬・貴船 1day チケット(京阪)」

此車券可以任意乘搭連接大阪至京都的京阪電車及叡電全線，適合從大阪出發一天內遊覽鞍馬及八瀨。京阪沿線各站皆可自由上下車，是個非常方便的車券。

乘搭範圍

京阪電車全線 (大津線及男生纜車除外)

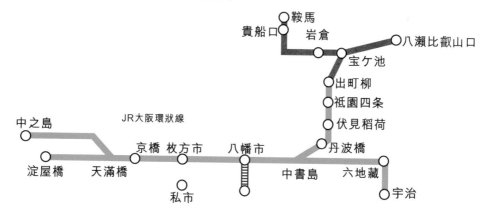

割引券

叡山電車沿線多項設施皆有優惠券

備註

非使用區域以外地區需另付車費

最適合的玩法

大阪 ⟷ 鞍馬＋八瀨比叡山口＋伏見稻荷

車券簡介

↔ 4 月 1 日～翌年 3 月 31 日 (每年更新)

凹 同上

日 一天

✓ 當天買當天即可使用

⊘ 非售票期間

$ 成人 1,600 円 ; 兒童 800 円

🔒 京阪線各車站 (大津線)

註 不能使用大津線及男山纜車

網 www.keihan.co.jp/traffic/ valueticket/

玩家
叮嚀

1. 適合從大阪市內京阪沿線出發前往鞍馬的旅客使用

2. 如關西行程有 2 ～ 3 日以上，則建議選用關西周遊券較划算。(詳情可參閱 P.24)

＊醍醐巴士 1 日乘車券「醍醐コミュニティバス 一日乘車券」

適合前往醍醐寺賞櫻及狩獵紅葉用巴士券，於 JR 山科站或京阪六地藏站換乘 22 或 22A 巴士約 15 分鐘於醍醐寺前站下車。

巴士時間表 :http://goo.gl/LJ3h9L

車券簡介

 全年

 全年

 一天

 當天買當天即可使用

 沒有

 成人及兒童票 300 円

醍醐巴士內

一個成人可帶一個 6 歲以下的兒童免費

goo.gl/yh6mIi

最適合的玩法

京都 ⟷ 醍醐寺（賞櫻或狩獵紅葉）

▲巴士路線圖

洛北（鞍馬 · 貴船）相關 Free Pass

「大原 · 八瀬 1day チケット」（大原 . 八瀬 1day 車券）	
可使用交通工具	京阪全線（不包括男生纜車和大津円）＋京都巴士（出町柳駅一大原）＋叡電（出町柳一八瀬比叡山口）
票 價	成人 2,000 円；兒童 1,000 円
使用 TIPS	適合大阪市←→八瀬及大原觀賞紅葉之用（配合前往伏見稻荷或宇治使用）。
相關網頁	www.keihan.co.jp/traffic/

「鞍馬 · 貴船散策チケット」（鞍馬 . 貴船散策車券）	
可使用交通工具	叡電來回出町柳站←→貴船口（不可中途下車）、叡電自由乘搭區域：貴船口一鞍馬
票 價	成人 1,700 円（沒有兒童票）
費用包括	溫泉露天風呂入浴券（1,000 円）及鞍馬寺愛山費（200 円）及其他觀光設施優惠券
使用 TIPS	泡溫泉費用及車券原價 2,020 円，省 320 円。如沒打算要在鞍馬泡溫泉則不需選用此券
相關網頁	goo.gl/5r9iia

「京都洛北 · 森と水のきっぷ」（京都洛北 . 森與水之車券）	
可使用交通工具	叡電全線＋京都巴士（洛北今出川通以北地區，但銀閣寺道至比叡山頂交通則不包括在內）
票 價	1 日券 1,500 円；2 日券 2,000 円
使用 TIPS	只適合前往「京都洛北 · 森と水の会」之社寺參拜者用
相關網頁	goo.gl/ZRC7wU

「鞍馬 · 祇園 1 day チケット」	
可使用交通工具	叡電全線＋京阪電車（祇園四条一出町柳）＋京阪電車來回大阪市←→祇園四条
票 價	因為出發地點不同價錢不同
使用 TIPS	建議使用關西周遊券（2 天或 3 天）前往這地方遊玩比較划算。（詳情可參閱 P.24）
相關網頁	大阪市交通局、阪神、近鉄等網站

比叡山相關 Free Pass

「比叡山內1日フリー乘車券」（比叡山內一日自由車券）

可使用交通工具	前往比叡山之京阪巴士＋比叡山上接駁巴士。
票 價	成人 800 円；兒童 400 円
使用 TIPS	只適合在比叡山附近一天內移動，來回京都市內車費需另付。
相關網頁	www.hieizan.gr.jp/recommend/

「比叡山橫斷チケット」（比叡山橫斷車券）

可使用交通工具	男山、坂本及叡山纜車＋叡山電車＋京都地下鐵＋江若交通＋京阪全線＋比叡山相關巴士。
票 價	成人 3,000 円；兒童 1,400 円
費用包括	溫泉露天風呂入浴券（1,000 円）及鞍馬寺愛山費（200 円）及其他觀光設施優惠券
使用 TIPS	1. 適合一天來回大阪市至京都，以乘搭纜車為主的旅遊。 2. 至少要乘搭比叡山登山纜車＋延曆寺登山纜車＋來回京阪電車車費才划算。
相關網頁	www.hieizan.gr.jp/recommend/

「比叡山 1DAY チケット」（比叡山 1DAY 車券）

可使用交通工具	叡山纜車＋叡山電車＋京阪全線＋比叡山相關巴士。
票 價	成人 2,000 円；兒童 1,000 円
使用 TIPS	適合一天來回大阪市至京都，主要到比叡山上遊覽及於八瀨比叡山口觀賞紅葉之用。
相關網頁	www.hieizan.gr.jp/recommend/

「地下鉄 & 比叡山きっぷ」（地下鐵 & 比叡山電車及巴士套票）

可使用交通工具	京都地下鐵＋叡山纜車＋連接地下鐵國際會館駅前至八瀨駅前的京都巴士（不能中途下車）
票 價	成人 2,000 円；兒童 1,000 円
使用 TIPS	適合從京都市內前往比叡山遊覽或到八瀨觀賞紅葉之用。
相關網頁	goo.gl/pPMgSo

玩家叮嚀

以上各個 Free Pass 還包含了不同的優惠券，全限於 3 月底到 12 月限定發售。除非是從京都出發，否則不建議使用。如果對比叡山有興趣的話，請參考「關西 2 天 / 3 天周遊券」的行程介紹 P.24。

京都其他地區 Free Pass 介紹

✱宇治‧伏見 1 日車券「宇治‧伏見 1DAY チケット」

這是一個由京阪電車推出的宇治及伏見地區的自由套票。除連接京都市及大阪市至宇治及伏見地區的交通外，亦包括了各種觀光設施的入場券優惠，適合一天內前往這兩個地區遊覽用的車券。

乘搭範圍

交通工具：京阪線

A. 自由乘搭區域：中書島駅—伏見稻荷駅／中書島駅—宇治駅

B. 往復區域（自由乘搭區域以外）：乘車駅—大阪淀屋橋至中書島間／京都出町柳至伏見稻荷間

備註：來回車站不同需另補車費

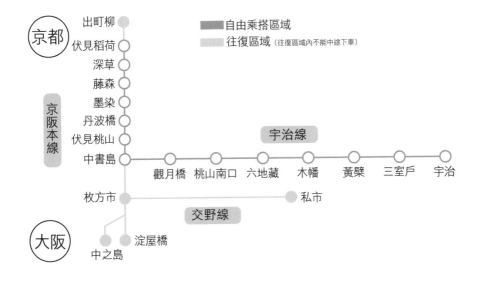

車券簡介

↔ 4月1日～翌年3月31日（每年更新）

🏛 全年

📅 一天

✅ 當天買當天即可使用

🚫 沒有

💲 自由乘搭區域（成人600円；兒童300円）
包來回淀屋橋（大阪）車費及自由乘搭區域車費（900円）
包來回三条（京都）車費及自由乘搭區域車費（700円）
包來回出町柳（京都）一帶車費及自由乘搭區域車費（800円）

🏠 京阪線各車站（大津線及男山纜車站除外）

註 自由乘搭區域以外的車券必須於同一京阪車站上下車。

網 goo.gl/ZdCP6D

可用設施

伏見及宇治各大商店或餐廳

▲地圖及設施優惠　　▲成人用車券

最適合的玩法

　　　大阪 ⟷ 宇治＋伏見稻荷

玩家教你省

淀屋橋至伏見稻荷（400円）→伏見稻荷至宇治（310円）→宇治至淀屋橋（400円）

 省錢指數 210円 起

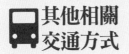
其他相關交通方式

相關車券

如果從大阪非京阪沿線車站出發，可考慮選用「宇治・伏見1DAY チケット（大阪市交通局版）」車券，此車券只需 1,000 円便包括一天內任意乘搭大阪市內地下鐵全線、大阪至京都來回車券及宇治、伏見自由乘搭區域的車費。

相關網頁：goo.gl/5DWFe1

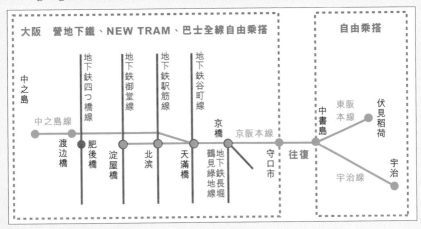

其他相關 Free Pass 介紹

車票名稱：宇治・伏見・八幡 1 day チケット（期間限定車票）

與「宇治・伏見 1 日車票」差別在於此車票包括男山纜車，京都著名的八幡宮就位處於男山山頂上。

▲男山纜車

▲京都八幡宮

來京都
賞美景啖美食

本章節將會分別介紹京都市內幾個區域的景點及旅遊資訊。

✽京都市洛中地區

京都的櫻花通常比大阪早一至 2 個星期盛開，大部分寺院都是賞櫻的名所，除了櫻花之外，滿山不同層次各種顏色的楓葉互相映襯下形成一幅美麗的圖畫，也是遊客絡繹不絕的原因之一。

・賞櫻季（約 3 月下旬至 4 月上旬）
・賞楓季（約 5 月中旬至 10 月）

祭典

祇園祭（7月14日～7月17日）

是「日本三大祭」及「京都三大祭」之一，也是京都最大型的祭典。每年踏入7月便會舉行各式各樣的活動，其中以7月14日至17日的「山鉾」巡遊最具特色，每年都會吸引世界各地的旅客前來參加。巨型的「山鉾」（神轎）上會有人吶喊、跳舞等，由於「山鉾」是以人手拉動，故愈大型的「山鉾」所需的人力愈多，最大型的甚至需要多達50人以上才能推動。

觀賞的最佳位置：四条通及河原町通的交界（即阪急電車河原町總站，O1O1百貨公司前）是最佳的觀賞地點，要找到好位置就要早點去占位了。在這位置能清楚看到利用人力使大型的「山鉾」轉彎的情況。
⊙祇園祭網址：www.gionmatsuri.jp/

葵祭（5月15日）

是「京都三大祭」之一，能重現出平安之都當時華麗優雅一面的祭典。每年5月15日於京都御所出發，經下鴨神社前往上賀茂神社。約500人以上的巡遊隊伍會穿著平安時代貴族的服裝，再配帶或以葵花和葵葉來作裝飾而得名。
⊙葵祭網址：https://www.kyokanko.or.jp/aoi/

京都市洛中的
重要景點與美食介紹

鞍馬口

⑤

⑥

今出川　　出町柳

地下鐵

京阪本線

④

丸太町

②

③

烏丸御池

西大路三条

三条

⑧

西院

⑨　　阪急線

西院　　四条大宮　　烏丸　　河原町　　祇園

五条

涉成園　　豐國神社

⑦　　⑩

JR線

京都

①

東海道新幹線

景點介紹

1. 京都 JR 車站

現代化的建築，像置身於超現實的世界之中。車站內有商場、食肆及展望台等，供旅客休憩的最佳之選。

交　　通	JR 鐵路京都站
網　　址	www.kyoto-station-building.co.jp

2. 二条城

位於洛中的中心地帶，是京都的文化財產。這裏的建築物和二の丸御殿內的壁畫最著名。這裏也是觀賞夜櫻的名所之一。

開放時間	08:45 ～ 16:00
入 場 費	成人 600 円；中、高學生 350 円；小學生 200 円
交　　通	市巴士 9、12、50、101 號至「二条城前」站下車
地　　址	京都市中京区二条通堀川西入二条城町 541 番地
電　　話	075-841-0096
備　　註	不能使用腳架
網　　址	www.city.kyoto.jp/bunshi/nijojo/

3. 鴨川

由賀茂川和高野川交界匯
流而成的鴨川，是京都的
地標。在河川堤岸兩旁盛
開的櫻花樹下散步或騎腳
踏車是最高的享受，沿岸
風景優美，微風吹來，可
消除一切的疲倦。

4. 京都御苑

首都遷移至東京之前，天皇所居住的地方，
御所四周是寬闊的通道，現為國民公園，供
遊人休憩的地方。

交 通	地下鐵烏丸線「丸太町駅」 徒步 1 分鐘
網 址	www.env.go.jp/garden/kyotogyoen

5. 北野天滿宮

位於上京區的神社之一，曾被稱為北野神社。其參拜殿及「楽の間」是國寶，西回廊、
中門及東門乃重要文化財產。

開放時間	09:00 ～ 17:00
交 通	市巴士 50、51、55、101、102、203 於「北野天滿宮前」站下車
地 址	京都市上京区馬喰町
電 話	075-461-0005
網 址	kitanotenmangu.or.jp/index-ch/

6. 相國寺

日本的禪寺之一，位於上京區。相國寺內的法堂是日本最古老的，由多條粗壯的柱
來支撐而成寬敞的空間，天井上有一條稱為「鳴の龍」，當你合手拍掌的同時所產
生的鳴響，就像龍的叫聲般而得名。

開放時間	10:00 ～ 16:00
交 通	地下鐵烏丸線「今出川駅」下車徒走 5 分鐘、京都市巴士「同志社前」下 車徒步 3 分鐘
地 址	京都市上京區今出川通烏丸東入
電 話	075-231-0301
網 址	www.shokoku-ji.jp/s_about.html

7. 西本願寺

是世界文化遺產的西本願寺位於下京區，一踏進寺門，大師堂及本堂的雄偉建築映入眼簾，裏面的建築物和房間內門上及壁上的畫都屬國寶，這裏是個讓市民休憩的好去處。

開放時間	05:30 ～ 17:30
交　　通	京都市巴士到「西本願寺前」站或「島原口」站下車、京都駅徒步約 10 分鐘
地　　址	京都市下京区堀川通花屋町下ル
電　　話	075-371-5181
網　　址	www.hongwanji.or.jp/

8. 先斗町

位於鴨川與木屋通之間的石板街，兩旁有一間間排列整齊的食肆，大部分面向鴨川的餐廳，更有露天茶座可供欣賞鴨川的美景之用。

交　　通	地下鐵「京阪三条」及「京都市役所前駅」站徒步 5 分鐘、京阪電車「三条」及「祇園四条駅」徒步 3 分鐘、阪急「河原町駅」徒步 5 分鐘
網　　址	www.ponto-chou.com/

9. 錦小路

京都市中心的商店街。除有琳琅滿目的商店及餐廳外，更有一個被譽為「京都廚房」的錦市場。這裏售賣各式各樣的食品：鮮魚、乾貨、漬物等外，更有京都特色的土產售賣，雖然石路比較狹窄，但走在這裏可感受到地道的文化特色。

交　　通	阪急電車「河原町」或「烏丸」站下車徒步 4 分鐘、地下鐵「四条」或「京都市役所前」站徒步 3 分鐘、市巴士 5 號「四条高食（大丸百貨店前）下車
網　　址	www.kyoto-nishiki.or.jp/

10. 東本願寺

位於西本願寺的東面。御影堂是世界上最大的木造建築物，位於東本願寺的中心。至於阿彌陀堂的仏堂的大小則在全國排行第七。

開放時間	（11 月～ 2 月）06:20 ～ 16:40 （3 月～ 10 月）05:50 ～ 17:30
交　　通	京都駅徒步 7 分、地下鉄五条駅徒步 5 分鐘
地　　址	京都市下京区烏丸通七条上る
電　　話	075-371-9181
網　　址	www.higashihonganji.or.jp/

京都市洛東的
重要景點與美食介紹

京都東部地區,是京都主要的觀光地,以清水寺為中心,還有很多著名的景點,包括:
南禪寺、銀閣寺、八坂神社、高台寺和平安神宮等 6 個重要的觀光區。從八坂神社
可由石坂街經過高台寺到達清水寺,沿途有很多京式的餐廳和舊式的建築及商店,
在這裏就好像置身於古京都一樣。

祭典

時代祭(10 月 22 日)

是「京都三大祭」之一,每年 10 月 22 日於平安神
宮舉行,巡遊隊伍約有 2,000 人,他們會穿著由明
治維新至平安遷都各個時代的服裝由京都御所開始
行走約 2 公里到達平安神宮的一個祭典。雖然時代
祭與其餘兩祭的歷史相比不算悠久,但每年仍都會
吸引不少的外國旅客前來參加。

⊙網址:https://www.kyokanko.or.jp/jidai/

成人祭(每年 1 月 15 日最接近的星期日)

於三十三間堂舉行的「通し矢」(又叫大的大會)
是江戶時代武士比較弓術的競賽,當時比賽場地長
達 120 公尺,而現在則改為 60 公尺。每年踏入 20
歲全國的年輕男女都會穿著和服,捲起衣袖,配上
弓術的裝束進行比賽。當天的女性是全場最矚目
的,有別於一般穿著和服的優雅,她們精神抖擻,
有一種另類的陽光氣息。這是日本年輕人踏入成人
階段的一個重要儀式。

京都 「花燈路」（東山）	
開放時間	3 月初至 3 月中旬
地　　點	京都東山八坂神社、高台寺、清水寺等。
時　　間	18:00 ～ 21:30
網　　址	www.hanatouro.jp/

此章節分 3 區介紹：洛東地區（上）出町柳以北／洛東地區：河原町至出町柳／
洛東地區（下）：河原町以南

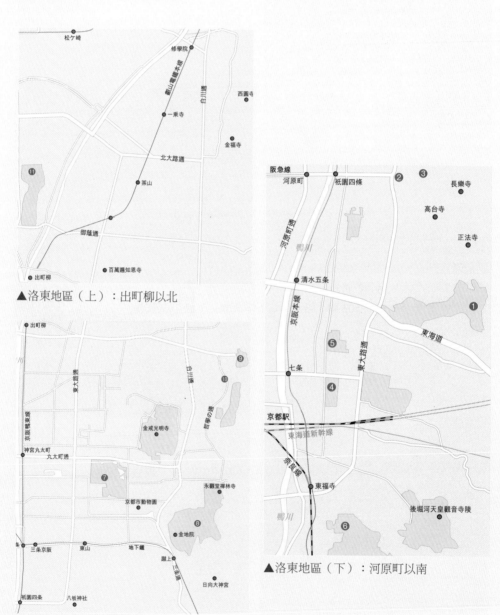

▲洛東地區（上）：出町柳以北

▲洛東地區（下）：河原町以南

▲洛東地區：河原町至出町柳

景點介紹

1. 清水寺

世界文化遺產「古都京都之文化財」之一，有 4 層高的「清水之舞台」是清水寺必拍景點，其特色是沒使用一根釘子而建成。平安時代會在這個舞台上有藝能的表演，而現在則用作舉辦重要的法會。

拜觀費	（日間）成人 300 円；中、小學生 200 円 （晚間）成人 400 円；中、小學生 200 円
交　　通	京都巴士 18、83、85、88 號及市巴士 100、206 號於五条坂下車徒步 10 分鐘或市巴士 207 號於清水道下車徒步 10 分鐘
網　　址	www.kiyomizudera.or.jp/

2. 八坂神社

位於祇園的八坂神社是京都最多人參拜的神社，由於與円山公園連結，每年花季及祭典，都會吸引很多遊客前來賞花和參拜。八坂神社的出入口有好多個，可從正門進入，再經円山公園從石坂街拾級而上便到達清水寺，沿途有許多特色的京料理店及土產店。

開放時間	10:00 ～ 17:00
交　　通	市巴士 206 號「祇園」站下車、京阪「祇園四条駅」徒步 5 分鐘、阪急「河原町駅」徒步 8 分鐘
地　　址	京都市東山区祇園町北側 625 番地
電　　話	075-561-6155
網　　址	www.yasaka-jinja.or.jp/en/

3. 円山公園

是八坂神社的一部分，京都賞櫻名所之一，也是觀賞夜櫻的知名景點。円山公園的中央位置有一棵枝垂櫻，樹齡有 200 年的老樹，是超有名氣觀夜櫻景點，在賞櫻季節特別多人來這裏造訪。

交　　通	阪急「河原町駅」徒步 15 分鐘、地下鐵「東山駅」徒步 10 分鐘、市巴士 12、31、46 或 80、201、203、206、207 號於「祇園」站徒步 5 分鐘
地　　址	東山区円山町
電　　話	075-643-5405
網　　址	goo.gl/m4pQkA

4. 豐國神社

位於三十三間堂北面的豐國神社，是豐臣秀吉祭祀用的神社，其「唐門」是「京都三大唐門」之一。傳說附近的「耳塚」裏面葬了很多朝鮮士兵在戰敗時被割下來的耳朵和鼻子。

開放時間	09:00 ～ 16:30
交　　通	京阪「七条駅」下車徒步 8 分鐘、市巴士「三十三間堂前」站徒步 5 分鐘
地　　址	京都市東山区大和大路通正面茶町 530
電　　話	075-561-3802
網　　址	goo.gl/J6hAvg

5. 三十三間堂

這裏最具特色的是本堂長 121 公尺，內陣的木柱間數有 33 個而得名，是世界上稀有的建築。是每年成人祭（1 月 15 日最接近的星期日）舉行弓術比賽的重要場所，全國約 2,000 名男女會集合於此進行射箭比賽，代表踏入成人階段的一個儀式。

開放時間	08:00 ～ 17:00
入堂費	成人 600 円；中學生以上 400 円；兒童 300 円（成人祭當天免費入場）
交　　通	市巴士 100、206、208「博物館三十三間堂前」下車、京阪「七条駅」徒步 7 分鐘
地　　址	京都市東山区三十三間堂廻り町 657
網　　址	www.sanjusangendo.jp/

6. 東福寺

東福寺內景點很多，除了最古老的「三門」外，還有正殿、禪堂、本坊庭園，甚至是廁所等，而遠近馳名的可算是通天橋楓紅的景色。屬東福寺三名橋之一的通天橋是連接正殿的有頂的橋，在紅葉的襯托下顯得更古色古香。

開放時間	09:00 ～ 16:00
通天橋拜觀費	成人 400 円；中、小學生 300 円
交　　通	市巴士 202、207、208 號「東福寺」站下車、京阪本線「東福寺駅」下車徒步 10 分鐘
地　　址	京都市東山区本町十五丁目 778 番地
電　　話	075-561-0087
網　　址	www.tofukuji.jp/

7. 平安神宮

為記念平安遷都 1100 年而建的平安神宮，根據平安都城的樣貌所
建成的。其中大極殿、蒼龍樓、白虎樓、応天門等皆是與平安神宮
一同建造的。

開放時間	08:30 ～ 17:00 （時間因季節有所不同）
交　　通	市巴士 5 號「岡崎公園、美術館、平安神宮前」下車、地下鐵「東山駅」徒步 10 分鐘、京阪「三条駅」、「神宮丸太町駅」徒步 15 分鐘
地　　址	京都市左京区岡崎西天王町
電　　話	075-761-0221
網　　址	www.heianjingu.or.jp/

8. 銀閣寺

銀閣寺又被稱為慈照寺，與金閣寺一樣是相國寺的山外塔頭寺院之一，其擁有室町
時代後期自豪的東山文化代表性建築及庭園。觀音殿又被稱為「銀閣」，故這裏包
括觀音殿在內整個寺院被統稱為銀閣寺。

開放時間	08:30 ～ 16:30
參拜費	成人 500 円；中、小學生 300 円
交　　通	市巴士 5、17、32、203、204 號及京都巴士 18、51、55 號「銀閣寺道」下車
地　　址	京都市左京区銀閣寺町 2
電　　話	075-771-5725
網　　址	www.shokoku-ji.jp/g_about.html

9. 哲學之道

是京都左京区裏的一條小道，長約 2 公里，由銀閣寺開始至若王子神社止。古時候
很多文人住在這裏因而得到「文人之道」的稱號，後因有很多哲學家來到這裏而改
名為「哲學之道」。水道兩旁種滿了櫻花樹，故在春季時來這裏賞櫻的遊人特別多。

交　　通	市巴士 5、17、32、93 或 100、102、203、204 號於「銀閣寺」或「銀閣寺道」下車	
網　　址	tetsugakunomichi.jp/	

10. 南禪寺

是日本的禪寺中屬最高級數的寺院。南禪寺中的方丈是國寶，而三門則是重要的文化財。除此之外，水道橋是昔日把琵琶湖的湖水引入京都的一個重要的水道建設，由紅磚所建成的水道橋，在楓紅的映襯下特別迷人。南禪寺外到處都是湯豆腐料理的餐廳，故這裏亦因湯豆腐聞名。

開放時間	08:30 ～ 16:30
交　　通	地下鐵「蹴上」站徒步 10 分鐘、市巴士「東天王町」或「南禪寺永觀堂道」站徒步 1 分鐘
地　　址	京都市左京区南禪寺福地町
電　　話	075-771-0365
網　　址	www.nanzen.net/

11. 下鴨神社

位於賀茂川與高野川的交界處，被登錄成為世界遺產「古都京都之文化財」之一的下鴨神社，是其中一所京都最古老的神社。除東、西本殿外，樓門也是這裏的重要建築。

開放時間	06:30 ～ 17:30
交　　通	市巴士 1、4、205 號於「下鴨神社前」下車、京阪「出町柳」徒步 12 分鐘
地　　址	京都市左京区下鴨泉川町 59
電　　話	075-781-0010
網　　址	www.shimogamo-jinja.or.jp/

京都市洛北的
重要景點與美食介紹

京都市北部地區，京都 5 個區分中占地最大的一個。主要
景點有鞍馬、貴船及比叡山，這些景點皆是楓紅季節的名
所。上賀茂神社則是洛北中觀賞櫻花的名所之一。旅行團
很少到洛北部分，因為距離京都市較遠，要換乘的交通比
較複雜。但也正因為這個原因，故在洛北地區卻擁有了另
一種寧靜以及和大自然融和之感。

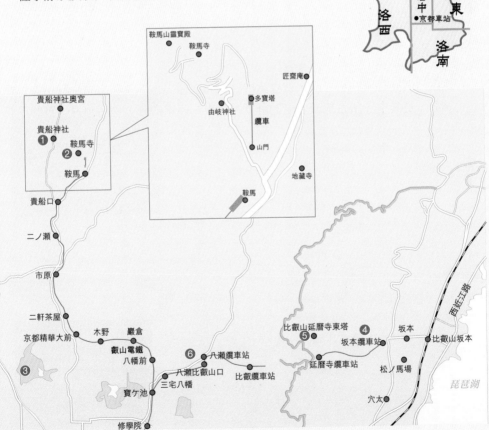

景點介紹

1. 貴船神社

全國貴船神社的總社，這裏的水質很好，據說這裏的水有一種特別的磁場，可增進戀愛運，故這裏也成為了結緣之地，而這裏亦流行一種獨特的水占。「紅獻燈參道」是這裏的著名景點之一，通往貴船奧社的必經之道。到達本宮後，還可以繼續往上爬，就能到達奧宮。

開放時間	06:00 ～ 18:00（12 月 1 日～ 4 月 30 日） 06:00 ～ 20:00（5 月 1 日～ 11 月 30 日）
交　　通	叡山電車至「貴船口駅」徒步 1 分鐘至「貴船口駅前」，再轉乘京都巴士 33 號到「貴船」下車
地　　址	京都市左京区鞍馬貴船町 180
電　　話	075-741-2016
網　　址	kifunejinja.jp/

2. 鞍馬

鞍馬駅是叡電的終點站，四季景色各具特色，尤以楓紅季節聞名，故叡電有一台車窗特大，專為觀賞景色而用的「きらら」（KIRARA）列車，每年花季都會吸引不少遊客乘搭。從鞍馬寺走山路到貴船神社約 3 個小時，沿途風景宜人，很適合遠足。

開放時間	09:00 ～ 16:30
交　　通	叡電終點站「鞍馬」下車徒步 30 分鐘或轉乘纜車至「多宝塔」站下車
地　　址	京都市左京区鞍馬本町 1074
電　　話	075-741-2003
遠足路線建議	kyoto-design.jp/plan/3257

3. 上賀茂神社

被登錄成為世界遺產「古都京都之文化財」，寺內的樓門及紅橋是這裏的特徵。這裏是賞櫻名所，境內有很多不同種類的櫻花樹，其中以「斎王桜」最為著名，每年櫻花季前，都能在網路上找到最新的動向。

交　　通	市巴士 4、37 號「上賀茂神社前」或「上賀茂御蓋橋」下車、京都巴士 32、34、35 或 37、36 號「上賀茂御蓋口町」下車
地　　址	京都市北区上賀茂本山 339
電　　話	075-781-0011
遠足路線建議	www.kamigamojinja.jp/

4.「ケーブル坂本」（坂本登山纜車）

連接「坂本」至「比叡山延曆寺」，全長 2,025 公尺，是日本最長的登山纜車。沿途可遠眺琵琶湖的景色，紅葉季節風景最迷人。

開放時間	08:00 ～ 17:30（季節不同時間不同）
費　　用	成人單程 860 円、來回 1,620 円 兒童單程 430 円、來回 810 円
交　　通	京阪電車「坂本」總站徒步 15 分鐘
地　　址	大津市坂本本町 4244
電　　話	077-578-0531
網　　址	www.sakamoto-cable.jp/

5. 比叡山延曆寺

日本三大靈山之一，是日本天台三總本山。在奈良時代，寺中出過不少德高望重的高僧，讓這裏的名氣很大。延曆寺是指比叡山山內的所有寺廟、僧人和大自然所孕育出的環境。其中東塔是三塔的中心，根本中堂內的「不滅法燈」相傳是 1200 年前延曆寺被織田信長所命人放的一場大火中燒毀後留下而一直保留下來的火種。在山頂上會不時聽到從總本堂傳來的鐘聲，打破了比叡山的沉寂氣氛，突顯了這裏的嚴肅和尊崇感。

開放時間	09:00 ～ 16:00（因應季節而有不同）
參拜費	東、西塔及橫川共通券 700 円
交　　通	坂本登山纜車再轉乘巴士至「延曆寺駅」徒步 8 分鐘、八瀨登山纜車再轉乘比叡山吊車至比叡山，乘巴士到延曆寺站下車、纜車站徒步約 30 分鐘
地　　址	滋賀縣大津市坂本本町 4220
電　　話	077-578-0001
網　　址	www.hieizan.or.jp/

6. 「八瀨叡山ケーブル」（八瀨叡山纜車）

叡山電車的比叡山方向的終點站，可換乘叡山纜車再換乘叡山口吊車到比叡山延曆寺。
也可以在這裏換乘京都巴士到大原一帶。纜車兩旁的櫻花樹和紅葉是這裏的特色。

費　　用	纜車：（單程）成人 540 円；兒童 270 円 （來回）成人 1,080 円；兒童 540 円 吊車：（單程）成人 310 円；兒童 160 円 （來回）成人 620 円；兒童 310 円
交　　通	叡山電車八瀨比叡山口站
網　　址	www.keifuku.co.jp/cablecar/index.html

▼坂本登山纜車位置圖

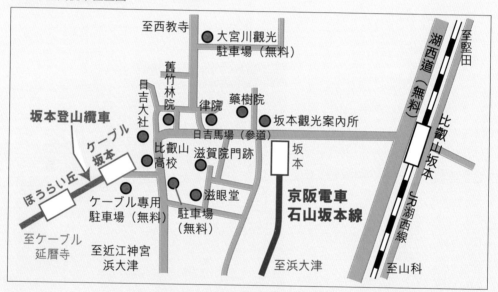

美食

「ひろ文」流水麵「流しそうめん」	
期間限定	5 月至 9 月底
營業時間	11:00 ～ 16:00
價　　格	1,300 円
網　　址	hirobun.co.jp/

京都市洛西的
重要景點與美食介紹

嵐山、金閣寺和嵯峨野是洛西最有人氣的 3 個觀光景點。在峽谷的保津峽川下遊行走的「トロッコ列車」是嵐山擁有魅力的觀光列車。嵐山以北的地方雖然也是屬嵯峨野地區，但那裏卻有與嵐山不一樣的寧靜之感。

連接洛西的地區主要有京福電車、阪急電車及 JR，還有行走沒有鐵路覆蓋而又有完善規劃的路線巴士，交通非常方便。

▼洛西廣域地區圖

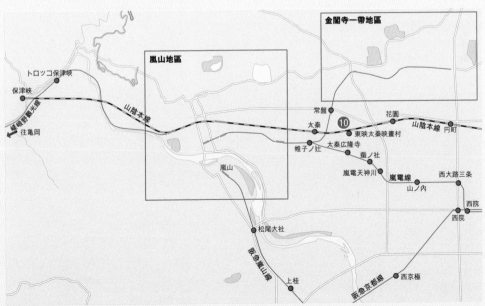

▼嵐山地區

▼金閣寺一帶地區

景點介紹 - 嵐山地區

1. 車折神社

是日本演藝界人士經常參拜的神社，這裏更有一個末社被稱為「芸能神社」。在這裏的「玉垣」（神社外圍着的紅色籬笆）寫上了超過 2,000 名演藝界人士的姓名。車折神社更是舉行京都「三船祭」的重要場所之一。

交 通	京福電鐵「車折神社駅」下車
地 址	京都市右京区嵯峨朝日町 23 番地
電 話	075-861-0039
備 註	可利用嵐電相關的 Free Pass
網 址	www.kurumazakijinja.or.jp/

2. 大覺寺

大覺寺內最古老的庭園和「大沢池」是日本三大賞月聖地之一。秋天是大覺寺最受歡迎的季節，在楓紅映襯下的回廊特別迷人，而這裏的壁畫也非常著名，走在大覺寺，就有一種置身於古代宮庭花園裏的感覺。

開放時間	09:00 ～ 17:00
參拜費	成人 500 円；中、小學生 300 円
交 通	「嵐山駅」徒步約 25 分鐘、京都市巴士於「大覺寺」下車。
地 址	京都府京都市右京品峨大沢町 4
備 註	賞楓名所（11 月中旬～ 11 月下旬）
網 址	www.daikakuji.or.jp/

3. 渡月橋

被美麗的群山所包圍的嵐山，是日本著名的景點。渡月橋是嵐山的地標，橫跨大堰川。春秋兩季，這裏都會水洩不通，擠滿賞花的遊人。

交 通	乘坐京福、阪急及 JR 鐵路於嵐山站下車或乘坐京都巴士。
備 註	滿山的紅葉，擁有不同層次的顏色，使嵐山變得更吸引，建議於賞花季節前往。

4. 天龍寺

現在的天龍寺經火災的洗禮，於明治之後再重建的。由於這裏收藏著很多重要的文化財產而廣為人知。這裏的回遊式庭園是天龍寺的遊覽景點，四季景色幽雅，尤以楓紅及櫻花最為著名。

開放時間	08:30 ～ 17:30（冬天至 17:00）
庭園參拜	高中生以上 500 円；中、小學生 300 円
交　　通	嵐山站徒步約 15 分鐘、市巴士 11、28、29 及京都巴士 61、72、83 於「嵐山天龍寺前」下車
地　　址	京都市右京区嵯峨天龍寺芒ノ馬場町 68
電　　話	075-881-1235
網　　址	www.tenryuji.com/

5. 嵯峨野トロッコ列車（観光列車）

沿著保津川溪谷慢慢行走的嵯峨野トロッコ列車，可讓乘客飽覽一年四季不同景色的山間和溪浴，人氣極高。

乘車時間	3 月 1 日～ 12 月 29 日（09:00~17:00 每小時一班）
休息日	每個星期三（特別日子除外，以網頁為準）
乘車費	單程：成人 620 円；兒童 310 円
備　　註	單程乘車時間約 25 分鐘
網　　址	www.sagano-kanko.co.jp/

6. 野宮神社

在這個清幽的竹林裏所建造的野宮神社，擁有日本惟一的黑木鳥居，神社前高大的黑木鳥居成了這裏的特色。神社被密林所包圍著，到處可見小柴垣的踪影。這裏是供奉姻緣、學業及順產的神明。野宮歷史悠久，最早的記載可追溯到「源氏物語」中。沿著嵯峨野竹林步道漫步，風景優美宜人，就算是在炎熱的夏天，在竹林裏亦能感到陣陣涼意。

交　　通	JR「嵐山」站徒步 5 分鐘
地　　址	京都市右京区嵯峨野宮町 1
網　　址	www.nonomiya.com/

單車散策小提案

要在嵯峨野或嵐山散策，可考慮租借單車代步。
於「嵯峨野トロッコ」車站旁就有外租服務。

店舖名稱	「トロッコおじさんのレンタサイクル」
營業時間	09:00 ～ 17:00（出借時間至 15:00）
電　　話	075-881-4898
寄存行李	200 円一件（不論大小）
網　　址	goo.gl/xkVFtl

玩家推薦

龜山公園

沿山路往山上走，可從展望台遠眺嵯峨
野トロッコ列車行走的保津川美景，尤
以楓紅季節景色最為吸引人。從保津川
下遊的船場沿石階往上走，沿路在樹蔭
的保護下也不覺累，到達山頂後能遠眺
這樣的美景，一切都值得了。

玩家推薦

嵐山竹林

嵐山野宮神社旁的竹林，是嵐山最具特色的景點。

玩家教你省

　　同行人數有 4 人，前往京都市內景點遊覽的話，乘坐計程車比乘巴
士划算，除可省卻等巴士的時間及行駛時間外，亦可省車費，因為 4 人平分計
程車費用比巴士更便宜。

其他洛西景點

7. 仁和寺

世界遺產之一，除屋頂重新修繕過外，其餘皆保留著原有的建築。由於這裏亦有「御室御所」的稱號，故這裏綿延的櫻花樹又被稱為「御室櫻」，屬遲開的櫻花種類。

開放時間	09:00 ～ 17:00（12 月～翌年 2 月至 16:30）
參拜費	成人 500 円；中、小學生 300 円
交　　通	市巴士 10、26、59 號「御室東」下車、京福電車「御室仁和寺駅」徒步約 2 分鐘
地　　址	京都市右京区御室大內 33
電　　話	075-461-1155
網　　址	www.ninnaji.or.jp/

8. 金閣寺

相國寺的塔頭寺院之一，故名思義，因金閣身上鑲滿了比普通厚 5 倍的金箔，使其外觀以金色為主，所以被稱為金閣寺。金閣前的鏡湖池是這裏的著名景點之一。

開放時間	09:00 ～ 17:00
參拜費	高中生以上 400 円；中、小學生 300 円
交　　通	市巴士「金閣寺道」下車
地　　址	京都市北区金閣寺町
備　　註	賞櫻名所
電　　話	075-461-0013
網　　址	www.shokoku-ji.jp/k_about.html

9. 龍安寺西源院

龍安寺境內有一個「西源院」，在這裏可以一邊欣賞日本庭園的美景，一邊品嘗精緻料理。這是一家湯豆腐專門店，以著名的七草湯豆腐為主的精進料理，是京都湯豆腐料理的精髓。

開放時間	11:00 ～ 17:00
交　　通	嵐電「龍安寺」、「妙心寺」及「等持院」站徒步約 13 分鐘或京都市巴士 59 系統於「龍安寺前」下車
地　　址	京都市右京区龍安寺御陵下町 13
電　　話	075-462-4742
網　　址	goo.gl/uZUQAS

10. 東映太秦映画村

這裏是東映電視台在京都的拍攝場地，部分開始供遊人遊覽。在映画村內有不同的舊日本建築，有真人 SHOW、變身體驗、迷宮、忍者屋敷等不同的體驗，讓遊客能親身體驗一下拍攝的樂趣。

開放時間	09:00 ～ 17:00
入場費	成人 2,200 円；中學生 1,300 円；兒童 1,100 円
交　　通	嵐電「太秦広隆寺」站徒步 5 分鐘或市巴士於「太秦広隆寺前」下車
地　　址	京都市右京区太秦東峰岡町 10
電　　話	057-0064-349
網　　址	www.toei-eigamura.com/

祭典

「三船祭」（每年 5 月第三個星期日）

每年 5 月於京都嵐山大堰川所舉行的三船祭，重現了平安時代船遊祭典的場景，二十多艘的船隻在大堰川上巡遊，中午於車折神社舉行儀式後，便會有穿著特色服裝的人前往大堰川上船，在船上載歌載舞。遊客可選擇乘小船靠近巡遊隊伍，親身參與此祭典。

⊙三船祭網址：www.dicube.co.jp/e-kyoto/fes_mifune/

「五山送り火」（五山送火）（8 月 16 日）

每年京都孟盆祭後都會舉行「五山送り火」，在山上利用火來描繪出文字，這是京都一個重要的行事，而其中一個「大」字是在金閣寺內的山頭繪寫出來，故此可從金閣寺看得一清二楚。在金色的映照下，使京都的夏天更最特色。

⊙網址：https://www.kyokanko.or.jp/okuribi/

京都「花燈路」（嵐山）(12 月中旬)	
地　　點	京都嵐山竹林小徑、渡月橋等地
時　　間	17:00 ～ 20:30
網　　址	www.hanatouro.jp/

京都市洛南的
重要景點與美食介紹

說到洛南，可以用雜亂來形容它。主要的觀光地集中位於一個逆向的「L」字的位置上，是歷史的寶庫：東寺、醍醐寺、宇治上神社和平等院皆已被登錄為世界遺產。主要交通以 JR、地下鐵、京阪電車和近鐵連接市內和關西其他地方。離京都有一段距離的宇治市擁有獨特的京都文化的觀光景點；而最近稻荷神社更是外國人極力推介的地方，人氣飆升；而醍醐寺則是京都賞櫻的最佳地方。

宇治市

宇治茶和源氏物語的宇治市，到處可見茶室與販賣抹茶製品的店鋪。宇治是個遠離城市的地方，走在這裏可以放鬆心情，享受這裏的寧靜。在楓紅的季節，宇治橋在宇治川上更能突顯它的姿態，構成一幅美麗的圖畫。「宇治茶」是高級茶的稱呼，在這裏可以品嘗最傳統的宇治茶茶道。

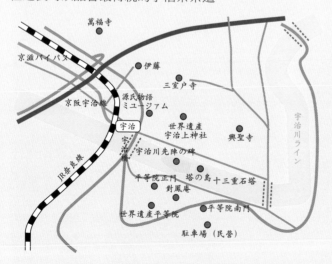

▲宇治地圖

◀宇治路線地圖

宇治市資訊	
宇治觀光協會網址	goo.gl/X6o1Kh
免費 WIFI 據點	goo.gl/H5VTdW

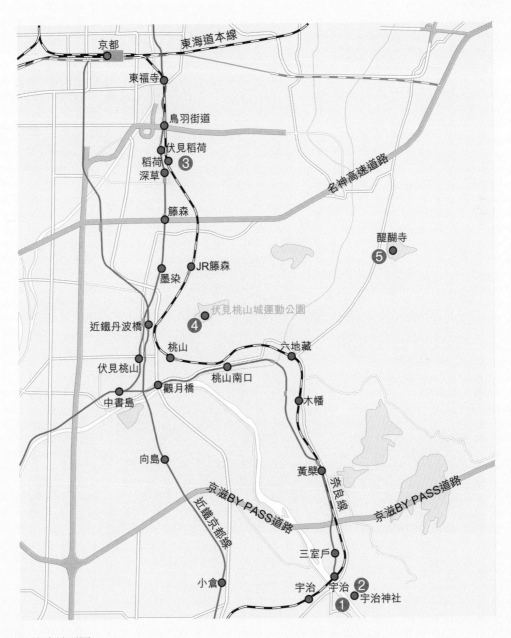

▲洛南地區圖

1. 宇治平等院

世界遺產之一，在平等院內收藏著很多國寶，包括建築物：鳳凰堂、木造天蓋、阿彌陀如來坐像、菩薩像、鳳凰、梵鐘和壁扉面等。傳說這裏已有 1000 年的歷史。

開放時間	庭園 08:30 ～ 17:30 、 鳳翔館 09:00 ～ 17:00
入園費	成人 600 円；中學生 400 円； 小學生 300 円（包括鳳翔館入場費）
交　　通	JR 及京阪「宇治駅」徒步 10 分鐘
地　　址	京都府宇治市宇治蓮華 116
電　　話	077-421-2861
備　　註	鳳翔館即是平等院美術館
網　　址	www.byodoin.or.jp/

潔淨身心的方法

京都是古都，擁有很多歷史悠久的寺廟、神社，在進入神舍前要在手水舍潔淨身心，是尊敬神明的一種表現。

1. 利用柄杓盛滿水；2. 先洗左手，再洗右手；3. 以左手盛少許水來漱口；4. 把剩餘的水洗一洗左手；5. 再直立柄杓來清洗柄杓。

2. 宇治上神社

神社的本殿是平安時代後期建造至今，是日本最古老的神社建築之一。
這裏有一個「桐原水」，是現存「宇治七名水」之一。在這裏散步，
像置身極樂世界般，忘記煩擾，心情也得以平靜。

交 通	宇治市宇治山田
地 址	「宇治駅」徒步約 20 分鐘
電 話	077-421-4634
網 址	goo.gl/dzvt0P

3. 伏見稻荷大社

全日本稻荷神社的總堂，
因整個山頭都有無數個鳥
居緊密排列而成的奇觀
而著名，有「千本鳥居」
之稱。進入稻荷地區到處
可見代表稻荷神使者的狐
狸，御守和繪馬都以狐狸
的模樣所製成。在這裏除
可一睹「千本鳥居」外，
更可選擇沿「千本鳥居」
往 荷山上走，從展望台
可遠眺京都市的景色。

交 通	JR 鐵路或京阪鐵路於「稻荷駅」或「伏見稻荷駅」下車
地 址	京都市伏見区深草薮之內町 68 番地
電 話	075-641-7331
備 註	從本殿到展望台約一小時
網 址	inari.jp/

4. 伏見桃山

在這裏的「上油掛町」保存著昔日的建築。商店街裏有很多有名的店鋪、「十石舟」、
長建寺、明治天皇陵等都位處於此

交 通	JR 鐵路「桃山駅」、京阪鐵路「伏見桃山駅」
網 址	goo.gl/4X4DqW
路 線	可乘搭京阪鐵路到「中書島」，再徒步經過「上油掛町」、「御堂前町」到達「伏見桃山」站。

153

5. 醍醐寺

世界遺產之一的醍醐寺，分為 3 個主要部分：三寶院、靈寶館和伽藍。這裏更是京都最著名的賞櫻場所。寺內除了收藏了很多有歷史價值的寶物外，還有許多上百年歷史的櫻花樹，其中櫻花隧道和靈寶寺裏的枝垂櫻是必拍景點。

開放時間	09:00 ～ 17:00
共通券	成人 1,500 円；中學生 750 円
交　　通	成人 1,500 円；中學生 750 円
地　　址	京都市伏見区醍醐東大路町 22
電　　話	075-571-0002
網　　址	https://www.daigoji.or.jp/

吸睛的活動和美食

宇治花火大會（8 月 11 日）

每年在宇治川上舉行的花火大會（煙花大會）都會吸引各地的遊客前來觀賞，這是以「源氏物語」為題的煙花大會。煙火在宇治川上的倒映，更是這個花火大會著名的絕景之一。

大會網址	www.ujihanabi.jp/

對鳳庵

為了使正宗宇治茶普及，宇治觀光協會請來不同家的茶道老師，在「對鳳庵」舉行茶會，提供了相關的體驗機會。

營業時間	10:00 ～ 16:00
參觀費	500 円（附送抹茶、點心）
交　　通	「宇治駅」徒步 15 分鐘（位於宇治市觀光中心旁）
地　　址	京都府宇治市宇治塔川 1-5
網　　址	goo.go/QkASAu

枼屋 SHIORIYA

利用木和石的調和之感，創造出一個具特色的日式居酒屋，使來到這裏
的客人，可以在這環境放下煩惱，享受這片刻的舒適感。

營業時間	17:00 ～ 24:00
參觀費	500 円（附送抹茶、點心）
地　址	京都市伏見区御堂前町 621 番地
電　話	075-601-1663
網　址	www.shioriya.com

「福寿園」宇治茶工房

一樓售賣各種茶葉和茶製品手信，如果對
哪一種茶葉有興趣，可以請售貨員幫忙泡
茶，先品嘗再選購；2 樓茶室、茶為寮和
工房，在這裏可以一次嘗試不同的體驗。
除了茶工房，在宇治市內還有宇治喫茶館
和宇治茶果子工房。

營業時間	10:00 ～ 17:00
休館日	星期一
地　址	京都市宇治市宇治山田 10 番地
電　話	077-420-1106
網　址	goo.gl/wzMyPL

伊藤久右衛門（宇治本店）

以高品質的茶聞名，有手信部及
餐廳部分，來到這裏一定要嘗嘗
茶喬麥麵和抹茶甜品。

營業時間	10:00 ～ 18:00
交　通	JR 及京阪電車「宇治」站徒步 10 分鐘
地　址	京都府宇治市莵道荒槙 19-3
電　話	012-027-3993
網　址	www.itohkyuemon.co.jp/

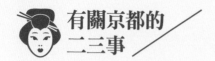
有關京都的二三事

京都人有種高雅,有教養的氣質,因受到京都的歷史及傳統的影響,使他們的自信心強、甚至會有排外的情況出現。故此,他們對於生活上所需的一切都會有一定的要求,京都人對飲食的要求,只要在那裏品嘗一次懷石料理,便能體驗出箇中的味道,與其他地方截然不同。古時天皇居住在京都,現居東京,京都人相信總有一天天皇會返回京都居住的。

▲虎屋(やらと)羊羹

▲松葉にしんそば(鰊魚麥麵)

▲京都料理

▶京都日式庭園

京ことば

大阪有大阪腔，京都也有京都腔。我們一進入日本餐廳都會聽到一句：「いらっしょいませ」（Irashaimase）觀迎光臨，在京都會被說成：「オコシヤス」（okoshiyasu）。完全不一樣的發音，雖然大阪跟京都相距只有一小時左右的車程，但腔調就大有不同了。大家下次到了京都聽到人說，不要以為別人說錯啊！

▲寺院

▲京都日式樓房

▲京都和菓子體驗

旅人隨筆

「京の通り名の唄」京都的街道名童謠

京都有多不勝數的街道，以西東北南來劃分。有一首每個京都人都懂得唱的「街道」童謠，是由父母用口逑代代相傳，讓孩子可以更容易記得每條街道的名稱。根據街道的橫向（左右）及縱向（上下）的順序來劃分而寫成一首童謠。童謠的頭三句是：「丸竹夷二押御池」「姉三六角蛸錦」「四綾仏高松万五条」……從上至下橫街的名稱順序分別是：丸太町通、竹屋町通、夷川通、二条通、押小路通、御池通、姉小路通、三条通……如此類推，把街道名的第一個字放在童謠上，好讓孩子們能在哼著童謠的同時亦可同時記得這些街道的名稱及順序。《名偵探柯南7之迷宮的十字路口》劇場版就是以京都複雜的街道作舞台所發生的故事，而這首童謠當然就成為了破解案件的關鍵了。劇中一開始小女孩所唱的，就正是這首童謠的一小部分。

4
CHAPTER

兵庫縣篇
著名溫泉集散地

兵庫縣分為 29 市，北面靠近日本海；南面則靠瀨戶內海，可途經淡路島再到
四國。主要景點集中於神戶市、明石市及姬路市。連接交通除日本 JR 鐵路外，
還有阪急、阪神、山陽及高速巴士等。兵庫縣有幾個著名的溫泉區，尤以有馬
溫泉最為著名，較偏遠的有城崎溫泉。在這裏會介紹幾個連接大阪到神戶市一
帶的相關 Free Pass，還會介紹一些比較偏遠的旅遊景點。

兵庫縣各類 Free Pass 介紹

＊阪神遊客 1 DAY Pass（外國旅客專用）

嵐山是個值得花一到 2 天遊覽的地方，故建議如果是從大阪出發，可直接乘坐阪急電車到阪急嵐山站，單程車費約 400 円。但如果是暴走一族，想一天多走幾個地方的話，則可考慮使用這個包括不同鐵路的 Free Pass。

車券簡介

▼阪神電車票券

↔ 每年 4 月 30 日前（每年更新）

📖 每年 4 月 30 日前（每年更新）

日 當天買當天即可使用

✔ 有效使用期間中的任何一天

🚫 沒有

$ 成人 500 円（沒有兒童票）

🏠 關西國際機場旅遊專櫃、旅客服務中心（阪神、阪急）、BIC CAMARA 難波店、廣場神戶、阪神、大阪新阪急等酒店

註 必須持短期居留簽證的旅客使用

🌐 goo.gl/pr4Ok0

玩家教你省

只要來回難波至神戶一次（單程票：410 円）

最適合的玩法

神戶、三宮、高速長田（鐵人 28）、北野等阪神沿線景點

乘搭範圍

阪神全線

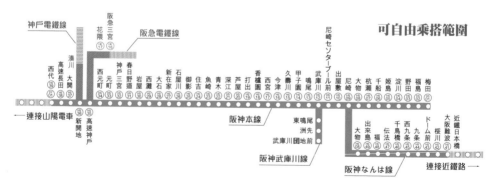

可自由乘搭範圍

＊神戶「地下鐵 1 天乘車券」

神戶市內有不同的鐵路可以連接三宮至新長田一段，但神戶港位於神戶的海邊地帶，地下鐵海岸線「ハーバーランド」站就是最靠近神戶港的車站，除了使用連接大阪的神戶 Free Pass 外，也可以根據自己的行程，選擇使用這個地下鐵的 1 天乘車券。

車券簡介

↔ 全年
🏛 全年
日 當天買當天即可使用
✔ 有效使用期間中的任何一天
🚫 沒有
$ 成人 820 円（沒有兒童票）
🏠 神戶地下鐵各站窗口、地下鐵站賣店、定期券發售所、神戶站前營業所、神戶電鐵湊川定期券發售所
註 不能用北神急行電鐵（新神戶—谷上）
🌐 ktbsp.jp/ticket/576/

▲地下鐵 1 日乘車券

乘搭範圍

神戶地下鐵全線（北神急行除外）

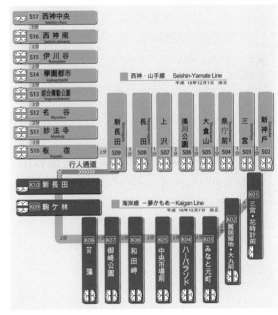

最適合的玩法

神戶、三宮、高速長田（鐵人 28）、北野、神戶港、花時計等阪神地鐵沿線景點

玩家教你省

適合在神戶下榻者使用。地下鐵的車費由 210 円至 370 円不等。
基本行程：地鐵沿線（住宿）—（210 円）→新長田（鐵人 28）—（230 円）→三宮（購物）—（徒步）→三宮・花時計（夜景）—（230 円）→「ハーバーランド」（神戶港夜景）—（230 円）→地鐵沿線（住宿）共 900 円

✱有馬溫泉太閤之湯 coupon「有馬溫泉太閤の湯クーポン」

這是一個包括來回關西各地到有馬溫泉的來回車券和太閤之湯入館券的 Free Pass，包括大眾湯和部分殿岩盤浴，但其他的岩盤浴則要另外收費。Free Pass 根據出發地有不同的票價，適合一天來回大阪至有馬溫泉的旅客使用。

車券簡介

↔ 全年
📅 全年平日和星期六
🗓 當天買當天即可使用
✔ 有效使用期間中的任何一天
🚫 星期天和假期不能使用
💲 阪神版 2,570 円；阪急版 2,780 円；神戶地下鐵版 2,470 円（其他票價請參看各鐵路公司網頁）
🏠 各大阪交通機構（包括地下鐵各票務處、各私鐵公司的事務室及觀光案內所等，JR 鐵路公司除外）、部分酒店櫃台、遊客服務中心等
📝 包含太閤之湯溫泉和手信店的折扣券（太閤夢蒸樂半價、個室岩盤溫折扣及樂市樂座手信店 95 折）
🌐 goo.gl/jrl92Z（阪急阪）、goo.gl/3pHGSj（阪神版）

> 最適合的玩法
> 有馬溫泉太閤之湯一天遊

乘搭範圍

交通工具：來回有馬溫泉至關西地區的鐵路（根據出發地使用不同的鐵路）
可自由乘搭範圍：可使用鐵路全線（如大阪至有馬可使用阪神或阪急版車券）

玩家教你省

1. 從大阪市內出發，建議使用阪神版 Free Pass 比較便宜。
2. 單是太閤之湯的門票就要 2,400 円了，再另加來回車券，已值回票價。
3. 如果沒有必要到高檔的太閤之湯，可選擇使用關西周遊券前往普通的金湯和銀湯更為划算。

*六甲山休閒車券「六甲山レジャーきっぷ」

車券分為阪急版和阪神版 2 種，專為前往六甲山上全區域遊覽遊客使用。舊版六甲山周遊券包括摩耶登山索道的使用範圍，而巴士也只能使用一部分路線；現在的車券則改成山上所有六甲山範圍的巴士都能乘搭，但摩耶登山索道則不在使用範圍內。

車券簡介

↔ 每年 4 月 1 日～11 月下旬（春夏秋季版）
每年 12 月上旬～翌年 3 月下旬（冬季版）

🗓 每年 4 月 1 日～11 月下旬（春夏秋季版）
每年 12 月上旬～翌年 3 月下旬（冬季版）

📅 當天買當天即可使用

✔ 有效使用期間中的任何一天

🚫 沒有

💲 阪急版：成人 1,700 円；兒童票 850 円
阪神版：成人 1,550 円；兒童票 780 円

🏠 阪急電鐵各案櫃台、阪神梅田、尼崎、甲子園、御影、神戶三宮各站站長室及阪神服務中心（神戶三宮）

註 六甲山上設施割引券

🌐 www.rokkosan.com/cable/ticket/

乘搭範圍

阪急或阪神各站至「六甲駅」或「御影駅」、神戶市巴士 16 號連接鐵路站至「六甲纜車下駅」、六甲纜車全線（以上各項中途不能下車）。

可自由乘搭範圍：六甲山上巴士全線、六甲摩耶天空接駁巴士至「山上駅」（星の駅）

最適合的玩法
六甲山一天遊

▲六甲山地圖
及設施優惠

玩家教你省

大阪至御影車券＋16 號巴士＋六甲纜車＋六甲山上巴士＋摩耶天空巴士

🔍 320 円 +420 円 +1,000 円 +450 円 +960 円 = 3,150 円

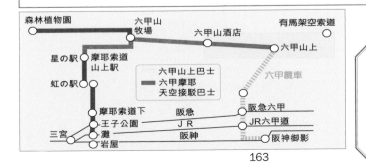

玩家叮嚀

●適合從大阪出發一天內遊覽六甲山用。
●如果要前往有馬或其他神戶景點則不適合使用。

✳ 有馬・六甲周遊 1DAY / 2DAY Pass
「有馬・六甲周遊 1DAY / 2DAY パス」

有馬是三大古老溫泉之一，與六甲山以架空索道連接，故鐵路公司推出了有馬和六甲山的周遊券，分為 1 天和 2 天，包括了來往出發地與山上交通，非常方便的一個 Free Pass。提供 1 天周遊券的鐵路公司選擇比較多，而 2 天的則只有兩家鐵路公司有推出相關的周遊券。

車券簡介

↔ 每年 4 月 1 日～ 12 月 23 日（2 天券至 12 月 22 日）

📅 每年 4 月 1 日～ 12 月 23 日

📆 當天買當天即可使用

✔ 有效使用期間中的任何一天（1 天券）或連續 2 天（2 天券）

🚫 沒有

💲 1 天券：成人 2,560 円（阪急版）；2,400 円（阪神版）

🏠 阪急電車案內櫃台

📝 摩耶天空接駁巴士不包括在內

🌐 www.hankyu.co.jp/ticket/otoku/ （阪急版）
　 rail.hanshin.co.jp/ticket/otoku/ （阪神版）

▲有馬・六甲周遊パス

乘搭範圍

阪急或阪神鐵路全線、神戶市營地下鐵（新神戶至神戶三宮）、北神急行（谷上至新神戶）和神戶電鐵（有馬溫泉至谷上）的範圍、市營巴士 16 號、六甲纜車、六甲有馬架空索道和六甲山上巴士。

割引券：1 天券包「金湯」或「銀湯」泡湯券及山上設施割引券；2 天券包含 1,000 円指定旅館代用券和山上設施割引券。

▼路線圖

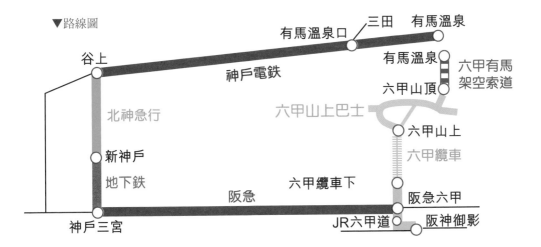

最適合的玩法

六甲山及有馬溫泉   一或二天行程

玩家教你省

大阪至六甲＋六甲纜車＋六甲山上巴士＋六甲.有馬索道＋有馬至大阪

320 円 +1,000 円 +450 円 +1,010 円 +1,250 円 = 4,030 円

就算用不到 1000 円的酒店代用券也划算。

✱垂水‧舞子 1 日車券「垂水‧舞子 1DAY チケット」

很多人認為大阪機場附近的 RINGKU PREMIUM OUTLET 都不能滿足血拼遊客的需求，故愈來愈多人開始尋找關西其他大型的 OUTLET。垂水的三井 OUTLET 是其中一個不錯的選擇，因為阪神鐵路可從大阪直達垂水，再徒步只需約 10 分鐘，週末還有免費的接駁巴士運行，在交通上是個非常方便的 OUTLET。

車券簡介

↔	全年
📅	全年
日	當天買當天即可使用
✔	有效使用期間中的任何一天
🚫	沒有
💲	成人 1,300 円（沒有兒童票）
🏠	梅田、尼崎、甲子園、御影各站（難波站沒有售賣）
註	有三宮版車券可供選擇（不包括來回大阪至三宮的車費）
🌐	goo.gl/52N3Ph

乘搭範圍

阪神電車全線、神戶高速（元町—西代）、山陽電車（西代—西舞子）、山陽巴士全線。

舞子公園　高速神戶　三宮(阪神)　尼崎　梅田
西舞子　垂水　西代　新開地　元町　武庫川団地前　大阪難波

玩家教你省

原乘搭票價：大阪 → 舞子公園 → 垂水 OUTLET → 大阪

🔍 840 円 +150 円 +770 円 = 1,760 円

最適合的玩法

舞子公園（明石大橋）、垂水三井 outlet

＊ 阪神・山陽海岸 1 日車券
「阪神・山陽シーサイド 1DAY チケット」

故名思義，阪神及山陽電車是沿海岸線行駛的鐵路，連接大阪難波至山陽姬路，此 Free Pass 與 JR 推出的 Kansai Area Pass 建議使用的行程一樣，適合前往姬路城遊覽的旅客使用。

車券簡介

 4月1日～翌年3月31日（每年更新）
 4月1日～翌年4月30日（每年更新）
 當天買當天即可使用
✔ 有效使用期間中的任何一天
🚫 沒有
💲 成人 2,000 円（沒有兒童票）
🏠 山陽及阪神主要車站的站長室及客戶服務中心
註 阪急梅田─高速神戶間、新開地─湊川間不能使用
🌐 goo.gl/1ywTff

乘搭範圍

阪神電車及山陽電車全線。

最適合的玩法

姬路城 + 明石、神戶港、三宮或北野（其中一個或以上）

可自由乘搭範圍

湊川　阪急神戶三宮　阪急梅田
武庫川　尼崎　阪神梅田

山陽姬路　飾磨　山陽綱干　大塩　高砂　東二見　山陽明石　舞子公園　山陽垂水　山陽須磨　月見山　板宿　新開地　高速神戶　阪神神戶三宮　團地前　武庫川　阪神なんば線　大阪難波

玩家解析

1. 此 Free Pass 比 Kansai Area 1 day Pass 便宜 60 円，但沒有兒童券。
2. 若從難波出發，此 Free Pass 較方便的地方在於可從大阪難波直接乘阪神電車而不需轉乘其他交通工具，而使用 Kansai Area Pass 則需轉乘地下鐵或大阪環狀線，需時較多。

兵庫縣景點

＊神戸市

關西地區3個核心城市之一的神戸市位處兵庫縣東南部臨海的城市，政治、經濟都集中於此。這裏除了神戸港的夜景著名外，六甲山上的掬星台夜景更是日本三大夜景之一。由於這裏是1995年阪神大地震的震央，故這裏仍保存著當時地震後所造成的破壞痕跡。昔日的神戸港讓外國貿易發達，以致很多外國人居住於此，故這裏亦有很多洋式建築。神戸最著名的神戸牛至今仍是令世界各地遊客垂涎欲滴的美食之一。現依神戸市中6個重要地區，分別介紹值得遊覽的景點和品嘗的美食。

▲神戸市地區圖

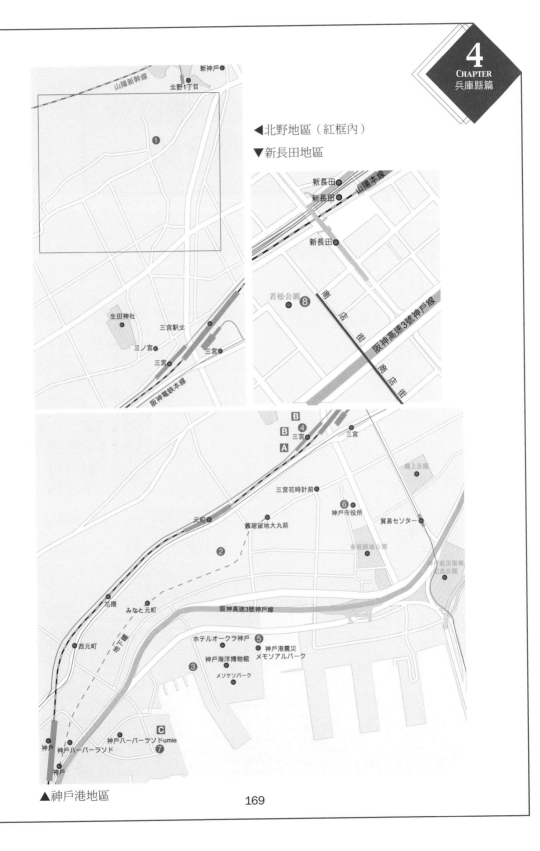

▶北野地區（紅框內）

▼新長田地區

▲神戶港地區

神戶市—北野地區的重要景點介紹

景點介紹

1.北野異人館街

自明治開放港口以來，外國人的數目日漸增加，由於用地不足，故在北野這裏建了約二百多家的住宅，成為了今日的異人館，但因經歷了戰爭及地震的洗禮，而只剩存約三十多間的建築，其中人氣最高的是「風見鷄の館」，這裏亦有不同國家的餐廳，仍保存著異國風情的氣息。

交　　通	地下鐵「三宮駅」北行「県庁前駅」東北行、「新神戶駅」西行、「元町駅」東北行
地　　址	神戶北野異人館街
備　　註	有共通券售賣
網　　址	www.kobeijinkan.com/

▲極具人氣的風見鷄の館

170

神戶市—神戶港地區的重要景點介紹

景點介紹

2.神戶南京町

日本三大中華街之一，華人聚集的地方，有很多中華料理店，中國特色地道小吃等。走進中華街，就如同身處中國一樣，唯一分別是食物的價錢與中國的相差好幾倍。

交　　通	JR 鐵路及阪神鐵路「元町駅」徒步 5 分鐘、阪急鐵路「三宮駅」徒步 10 分鐘
地　　址	神戶市中央区元町商店街
電　　話	078-332-2896

3.神戶港

是兵庫縣重要的港口，傍晚的神戶塔和神戶海洋博物館亮燈後成為了神戶港的焦點，這裏的夜景特別迷人，是情侶拍拖的聖地。附近的 MOSAIC 廣場內有不同類型的餐廳，從這裏可欣賞神戶港美麗的景色。

交　　通	地下鐵「神戶ハーバーランド」或「みなと元町駅」徒步 5 分鐘
地　　址	神戶市中央区波止場町
網　　址	www.kobe-meriken.or.jp/

4. 三宮

神戶市內的商店集中地，附近的景點有「花時計」、東遊園地公園、舊居留地、元町商店街及三宮中心街等，而生田神社亦位處於此。

交　　通	JR 鐵路、阪急鐵路及阪神鐵路「三宮駅」下車

5. 神戶港震災紀念公園

保留了阪神大地震後的原貌、還有記錄片和相片等災難性的資料展示。

開放時間	09:00 ～ 21:00（映像）
交　　通	地下鐵「港元町」徒步 15 分鐘、「舊居留地大丸前」美利堅路往南徒步 10 分鐘
地　　址	神戶中央区波止場町 2 美利堅公園內
電　　話	078-327-8982
網　　址	goo.gl/oD9wbJ

祭典

「神戶ルミナリエ」（LUMINARIE）（12 月）

自 1995 年阪神大地震後為追悼罹難者而祈福的祭典。會以數以萬計的燈飾塑造出豪華的「幻想之光」，每年都會吸引遊客前來參加。

開始時間：12 月初約一個星期時間

時間：晚上

網址：www.kobe-luminarie.jp/

6. 神戶市役所

市役所免費開放給遊客在 24 層高展望台遠眺神戶的景色，分為兩邊：山側和海側。

開放時間	08:15 ～ 22:00（平日）、10:00 ～ 22:00（週末及假期）
定 休 日	年末年始
交　　通	「三宮駅」徒步 6 分鐘、「三宮・花時計前駅」徒步 3 分鐘
地　　址	神戶市中央区加納町 6-5-1 市役所 24 樓
電　　話	078-331-8181
網　　址	www.feel-kobe.jp/kobe-yakei/

7. 神戶 Harbour Umie （MOSAIC 廣場）

集食肆、服裝店、遊樂中心及土產店等於一身的戶外廣場，大部分的餐廳皆可欣賞到神戶港的夜景。

營業時間	10:00 ～ 21:00
交　　通	JR「神戶駅」徒步約 5 分鐘、「ハーバーランド駅」徒步 5 分鐘
地　　址	神戶市中央区東川崎町 1 丁目 7 番 2 号
電　　話	078-382-7100
網　　址	umie.jp.t.kv.hp.transer.com/

神戶市新長田地區的重要景點介紹

景點介紹

8. 鐵人 28

於 2009 年完成的鐵人 28 大型模型位於若松公園，附近的「鐵人廣場」也在同年完成。沿商店街走，沿途有很多三國誌人物的塑像及展示館。

交 通	JR 鐵路或地下鐵「新長田」站徒步 5 分鐘
地 址	神戶市長田区若松公園
備 註	附近還有三国志相關的石像和博物館等。
網 址	www.kobe-tetsujin.com/

世界聞名的「神戶牛」

神戶牛可算是日本珍貴的美食，其肉質肥嫩，從肉身出現「霜降」可分辨出其品質的程度，根據脂肪的分布及肉質的色澤來判斷其級數。神戶牛是享譽全球的美食，來到神戶必定要試的高檔美食。

A.「モーリヤ」
三百多年歷史的神戶牛餐廳。

開放時間	12:00 ～ 23:00
交　　通	「三宮」站徒步 5 分鐘
地　　址	兵庫県神戸市中央区北長狭通 1-9-9 第一岸ビル 3F
電　　話	078-321-1990
網　　址	umie.jp.t.kv.hp.transer.com/

B.「石田屋」

營業時間	11:00 ～ 22:00
交　　通	「三宮」站徒步 5 分鐘
地　　址	兵庫県神戸市中央区下山手通 2-13-3 建創ビル 2F
電　　話	078-335-1929
網　　址	www.kobe-ishidaya.com/

C.「三田屋」
位於 MOSAIC 廣場內，可邊欣賞神戶港美景，邊品嘗神戶牛美食的餐廳。

營業時間	11:00 ～ 20:30
交　　通	JR「神戶」站徒步 8 分鐘、神戶高速「元町」站徒步 5 分鐘
地　　址	兵庫県神戸市中央区東川崎町 1-6-1 モザイク 3F
電　　話	078-360-2900
網　　址	www.kobe-ishidaya.com/

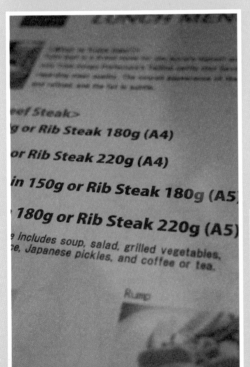

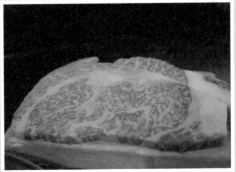

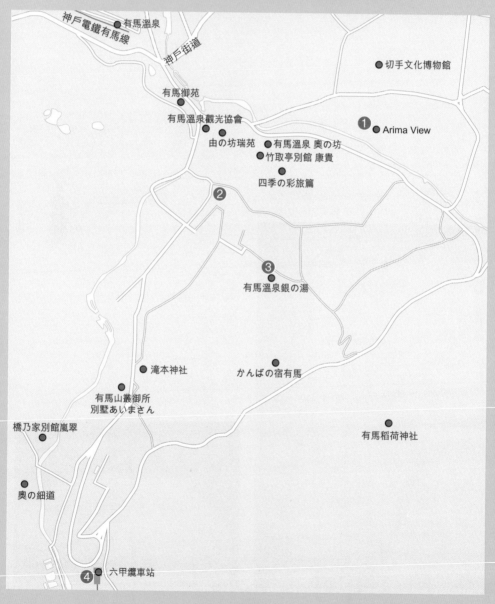

神戶市有馬溫泉區的
重要景點介紹

神戶電鐵有馬線

● 有馬溫泉

神戶街道

● 切手文化博物館

● 有馬御苑

有馬溫泉觀光協會

❶ ● Arima View

由の坊瑞苑 ● 有馬溫泉 奧の坊

● 竹取亭別館 康貴

❷

四季の彩旅篇

❸

有馬溫泉銀の湯

● 滝本神社

● かんばの宿有馬

● 有馬山叢御所
別墅あいまさん

橋乃家別館嵐翠 ●

● 有馬稻荷神社

● 奧の細道

❹ ● 六甲纜車站

景點介紹

1. 太閤の湯

有馬溫泉是日本最古老的溫泉街，在太閤之湯裏共有 24 種的溫泉
風呂和岩盤浴提供。泡溫泉後，還有其他的身體護理服務和餐食
選擇，在這裏可以消除一身的疲勞，享受一個夢幻的溫泉之旅。

▲ 有馬溫泉區
詳細地圖

營業時間	10:00 ～ 23:00
休　館	不定休（請留意網頁上公佈）
入館費用	（平日）成人 2,400 円；小學生 1,200 円；幼兒 400 円（週末及假日）成人 2,600 円；小學生 1,300 円；幼兒 500 円
交　通	神戶電鐵「有馬溫泉駅」徒步 7 分鐘
接駁巴士	www.taikounoyu.com/access/
地　址	神戶市北区有馬町池の尻 292-2
電　話	078-904-2291
備　註	費用包括貯物櫃、毛巾及浴衣等。
網　址	www.taikounoyu.com/

2. 金の湯

有馬溫泉著名的溫泉之一，與銀の湯齊名。由於溫泉水屬高濃度強鹽泉水，水中的
鐵質被酸化後變成茶色而得名，是古時候的大眾浴場。門外有足湯可供免費使用，
另外還有太閤之飲用泉可自攜水杯飲用。

開放時間	08:00 ～ 22:00
休　息	每月第二及第四個星期二及 1 月 1 日
泡湯費用	成人 650 円；兒童 340 円；幼兒 140 円
交　通	神戶電鐵至「有馬溫泉」徒步約 10 分鐘
地　址	兵庫県神戶市北区有馬町 833
電　話	078-904-0680
備　註	請自備毛巾及淋浴用品
網　址	arimaspa-kingin.jp/cont01/cont01-flm.htm

3. 銀の湯

有馬溫泉著名的溫泉之一，與金の湯齊名。無色透明的泉水中含碳酸，有對風濕及疼痛頗有療效。

開放時間	09:00 ～ 21:00
休　　息	每月第一及第三個星期二及 1 月 1 日
泡湯費用	成人 550 円；小學生 290 円；幼兒 120 円
交　　通	神戶電鐵至「有馬溫泉」徒步約 10 分鐘
地　　址	神戶市北区有馬町 1039-1
電　　話	078-904-0256
備　　註	請自備毛巾及淋浴用品
網　　址	arimaspa-kingin.jp/cont01/cont02-flm.htm

4.「六甲有馬ロープウェー」（架空索道）

昔日是日本最長的架空索道，現因一部分停止使用，故只保留了約 2.8 公里長的索道運行。因神戶電鐵並沒有行駛有馬至六甲之間，架空索道便成這裏唯一的連接交通。

開放時間	09:30 ～ 17:10 （夏天至 20:50）
費　　用	（單程）成人 1,010 円；兒童 510 円 ／（來回）；成人 1,820 円；兒童 910 円
交　　通	六甲山上駅（纜車）乘六甲山上巴士至六甲山頂駅（架空索道）
地　　址	兵庫県神戶市灘区
網　　址	kobe-rope.jp/

神戶市六甲山地區的重要景點介紹

六甲山滑雪場 ④

⑤

六甲山上 ①

六甲山牧場 ⑥

神戶市立自然の家

摩耶自然觀察園 ③

摩耶山

② 虹

六甲ケーブル下

山陽新幹線

阪急神戶線 御影

摩耶クーブル 六甲

1.六甲「ケーブル」（纜車）天覽台

就在六甲纜車旁的天覽台，曾經是很有名的展望台，雖然沒有掬
星台的視野廣闊，但夜景可以看到大阪與和歌山那邊的景色。

▲六甲山地區
詳細地圖

開放時間	07:10 ～ 21:00
交　　通	六甲山纜車「六甲山上駅」
地　　址	神戶市灘区六甲山町一ヶ谷 1-32
電　　話	078-861-5288
網　　址	goo.gl/MqeNLC

2.摩耶「ケーブル」（纜車）及「まやビューライン」（索道）

位處摩耶山上，山頂的是「星之駅」，山腰的是「虹之駅」。纜車站旁的掬星台所
看到的神戶夜景，有「1,000 萬元夜景」之稱。

開放時間	10:00 ～ 17:30 （週末及假日至 20:50）
定休日	星期二
費　　用	880 円（全區間）
交　　通	摩耶纜車及索道
地　　址	「三宮駅」乘市巴士 18 號至「摩耶ケーブル下」下車，再轉乘纜車及索道
備　　註	纜車平日的運行時間短，要特別留意
網　　址	goo.gl/aZLZjF

3.「まやビューライン」掬星台

摩耶山上的夜景是日本三大夜景之一。從掬星台可眺望大阪和神戶市街的夜景,如果視野好的話,可以清晰看到神戶港閃閃生輝的燈光照耀著整個港灣。

交　　通	摩耶纜車及吊車至「星の駅」
地　　址	神戶市灘区摩耶山町 2-2
網　　址	goo.gl/5igHVR

4.「六甲ガーデンテラス」(ROKKO GARDEN TERRACE)

在這裏有不同類型的食肆、土產店等。坐在這裏的餐廳或站在「六甲枝垂れ」自然體感展望台,可遠眺明石海峽至大阪平野、關西空港等。

開放時間	展望台 10:00 ～ 20:30(其他設施營業時間各有不同)
交　　通	乘坐六甲纜車至「山頂駅」再轉乘六甲山上巴士至「六甲ガーデンテラス」站下車
地　　址	神戶市灘区六甲山町五介山 1877-9
電　　話	078-894-2281
網　　址	www.rokkosan.com/gt/

5. 高山植物園

海拔約 860 公尺，由於六甲山山上的氣候適合培植高山植物，故在這個植物園內可觀賞到約 1,500 種世界各地的高山植物或於寒冷地方生長的植物。

開放時段	3 月中旬～ 11 月下旬（冬天閉館）
開放時間	10:00 ～ 17:00
入園費用	成人 620 円；兒童 310 円
交　　通	乘坐六甲纜車至「山頂駅」再轉乘六甲山上巴士至「高山植物園」站下車
地　　址	神戶市灘区六甲山町北六甲 4512-150
電　　話	078-891-1247
備　　註	園內還有音樂盒博物館
網　　址	www.rokkosan.com/hana/

6. 六甲山牧場

在這裏除了有不同種類的動物外，還會有動物們的演出，可以與小動物零距離接觸。牧場內還有不同的體驗工房，是一家老少遊玩的好去處。來到這裏，千萬別錯過新鮮牛奶製做的冰淇淋和起司火鍋啊！

開放時間	09:00 ～ 17:00
入園費用	成人 500 円；國中及小學生 200 円
交　　通	於六甲纜車「山上駅」及乘摩耶天空接駁巴士於六甲山牧場下車
地　　址	神戶市灘區六甲山町中一里山 1-1
電　　話	078-891-0280
網　　址	www.rokkosan.net/

神戶市垂水・舞子地區的重要景點介紹

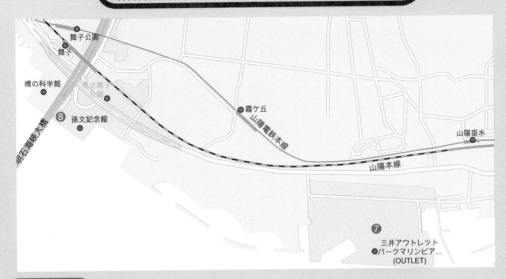

景點介紹

7. 垂水三井 outlet

開放時間	10:00 ～ 20:00
交　　通	JR鐵路「垂水駅」、山陽電車「山陽垂水駅」徒步 9 分鐘。（週末及假日有接駁巴士）
地　　址	兵庫県神戶市垂水区海岸通 12-2
電　　話	078-709-4466
網　　址	www.31op.com/kobe/

8. 明石海峽大橋（舞子）

全世界最長的吊橋，高 300 公尺，可到橋上欣賞 360 度絕美風景，但要挑戰這個高度，並不是一件容易的事啊！

交　　通	JR鐵路「舞子駅」徒步 7 分鐘、山陽電鐵「舞子公園駅」徒步 7 分鐘
地　　址	神戶市垂水区東舞子町 4-114
網　　址	goo.gl/3pUm4o

宝塚市的
重要景點介紹

宝塚市的中央部分是武庫川，周圍被山巒所包圍，擁有大自然的環境是這裏的魅力之一。最著名的宝塚大劇團是孕育出不少出類拔萃演員的地方，在這裏，會讓你感受到另類的文化氣息。

◀ JP 宝塚市
散策圖

景點介紹

1. 宝塚歌劇團

日本著名的大型劇團，有意投身劇團的單身女生都要投考寶塚音樂學校，再經過為期 2 年的嚴格訓練，便可以在畢業時踏上舞台演出。除在日本有定期演出外，亦會有海外的登台機會。

營業時間	10:00 ～ 17:00
休　　息	星期三
交　　通	阪急鐵路「宝塚駅」
地　　址	兵庫県宝塚市栄町 1-1-57
電　　話	057-000-5100
網　　址	kageki.hankyu.co.jp/

2. 手塚治虫記念館

手塚治虫記念館內除了有他所有的作品外，還有創作漫畫的體驗工房及影片可供觀看。在這裏可以看到手塚治虫的創作世界，也能感受到他創作時的樂趣。

開放時間	09:30 ～ 17:00
休　　息	星期三、年末及某些臨時休館日
費　　用	成人 700 円；中學生 300 円；小學生 100 円
交　　通	阪急、JR 鐵路「宝塚」站徒步 10 分鐘
地　　址	兵庫縣宝塚市武庫川町 7-65
電　　話	079-81-2970
網　　址	goo.gl/6iHw8N

3. 三井 OUTLET

以洛杉機的高級住宅為風格而建的購物商場，遍布日本多個地區。

開放時間	10:00 ～ 20:00
休　　息	每年 2 月第三個星期四
交　　通	JR「三田」站轉乘巴士約 20 分鐘、大阪及難波有直接巴士前往（週末及假期限定）
地　　址	兵庫縣神戶市北区上津台 7-3
備　　註	大減價期間，外國遊客於 OUTLET 的信息中心出示護照即可獲得一張折扣券。
網　　址	goo.gl/ZnydKr
適合自駕	2 人或以上前往自駕比較划算及方便。

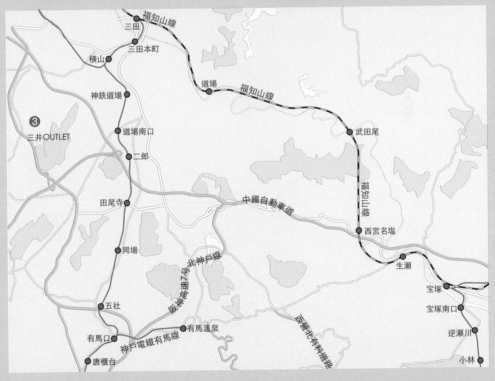

姬路市的
重要景點介紹

世界文化遺產之一的姬路城，是遠道而來的旅人總想朝聖之處。前往姬路城可選擇使用JR Pass關西1天車券（2,000円）（只供外國人使用）或可選擇使用關西2天或3天周遊卷的其中一天前往（4,000円/2天、5,200円/3人）

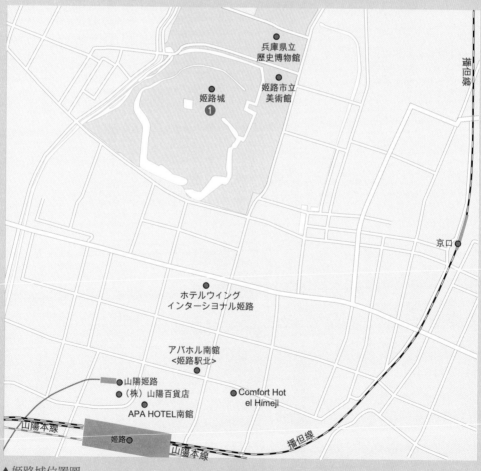

▲姬路城位置圖

景點介紹

1. 姬路城

世界文化遺產之一的姬路城以白色外牆為主的天守群，就像在天空中飛舞的白鷺般，故又有「白鷺城」之稱。以其建築宏偉而華麗，聞名全世界。

開放時間	09:00 ～ 16:00（4 月～ 8 月到 17:00）
入城費用	成人 400 円；中學生以下 100 円
交　　通	JR 鐵路「姬路城」及山陽電鐵「姬路駅」徒步 15 分鐘
地　　址	姬路市本町 68 番地
電　　話	079-285-1146
備　　註	2008 年至 2015 年為修建期間。遊覽時間約 90 分鐘
網　　址	www.himeji-kanko.jp/

朝來市的重要景點介紹

具有日本知名的賞櫻名所和「日本100名城之一」的竹田成跡，是欣賞美景不容錯過的地方。

▲「天空之城」最佳拍攝位置圖

景點介紹

1. 立雲峽

在這裏除了可以遠眺「天空之城」外，也是賞櫻名所。

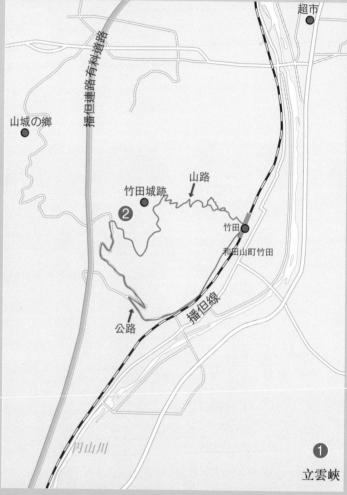

交　　通	適合自駕人士
地　　址	兵庫県朝來市和田山町竹田
電　　話	079-672-4003
網　　址	goo.gl/IM7OgK

188

2. 竹田城跡

位於朝來市播但線的一個354公尺高的城跡，在雲海上的竹田城跡就像懸浮在天空中的城池般故有「天空之城」之稱，從遠處眺望其身形像老虎臥伏在山上般故又名「虎臥城」。「日本100名城」之一，也剛被列入成為國家史跡。

交　　通	JR播但線至「竹田駅」可走山路或走公路，山路比較短但位移高，公路比較好走但要繞路。
地　　址	兵庫県朝來市和田山町竹田字古城山地內
觀賞 TIPS	每年9～11月清晨時分至中午前可從立雲峽眺望，可看到「天空之城」的機會較大。
網　　址	www.zentanbus.co.jp/yamajiro/
網　　址	goo.gl/MqeNLC

豐岡市的重要景點介紹

賞美景啖美食，具有1300年歷史的城崎溫泉和來自日本海新鮮的海鮮，實在值得多留一天！

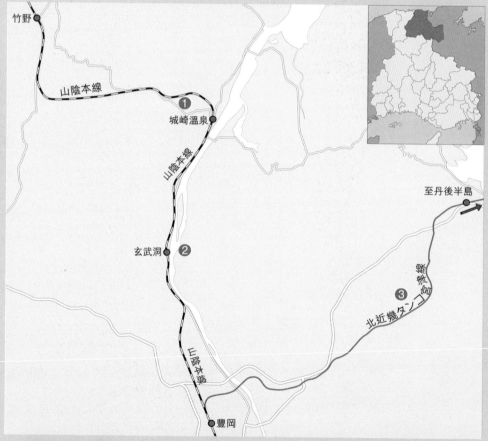

▲豐岡市位置圖

玩家解析

Kansai WIDE Area Pass4天（P.22）或城崎溫泉 Free Pass（期間限定）皆適合使用。如果是持短期留日簽證者使用 Kansai WIDE Area Pass 比較適合。

景點介紹

1. 城崎溫泉

有 1300 年歷史的城崎溫泉，是外湯的發揚之地，到處可見穿著浴衣的遊客。這裏除了有日本海新鮮的海鮮外，還有「蟹王國」的稱號。一定要在這裏住上一天，才能好好享受這七大外湯的樂趣。

泡湯費用	有一天來回的共用券、下榻酒店都會有附七大湯的共用券
交　　通	JR 鐵路「城崎溫泉駅」下車徒步 5 分鐘
備　　註	於觀光協會可免費領取一本王國護照，內有不同的優惠可供使用，亦可用作蓋紀念章之用。
網　　址	www.kinosaki-spa.gr.jp/
纜車費用	（來回山頂）成人 900 円；兒童 450 円

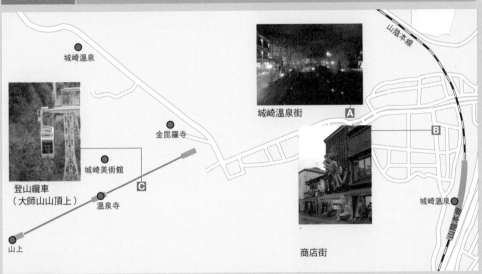

▲城崎溫泉地圖

玩家叮嚀

單車借用：城崎溫泉是個很適合騎腳踏車郊遊的好地方，離開溫泉區，遊走浦灣與円山川公苑樂趣多。

借用位置：部分旅館有提供腳踏車供住客使用，亦可在觀光協會借用，借用費用根據借用時間而不同。

行李寄存：若於城崎溫泉下榻的住客可免費於觀光協會寄放行李，但必須先向旅館拿取下榻證明。

2. 玄武洞公園

是「國家天然紀念物」之一，於 160 萬年前形成的岩石，其擁有六角形的柱狀節理，因其巨大而特別的紋理形似四大神獸中的玄武姿態而得名。這裏更是發現「逆磁場」地質學現象的重要地方。

開放時間	09:00 ～ 17:00
入館料	成人 600 円；兒童 300 円（玄武洞博物館）
交　　通	JR「城崎溫泉駅」乘計程車約 5 分鐘、乘坐城崎溫泉觀光巴士、從玄武洞乘橫渡（不是每天運行）或於城崎溫泉借用腳踏車前往約 20 分鐘。
地　　址	兵庫縣豊岡市赤石 1362
電　　話	079-623-3821
網　　址	goo.gl/fuoayF

3.「北近畿タンゴ鉄道」 宮津線（KTR 鐵路）

連接京都府與兵庫縣之間第三鐵道。豊岡至西舞鶴，到日本舊三大景之一「天橋立」重要交通。

網　　址	ktr-tetsudo.jp/

◀ KTR 1 DAY Pass

▶ KTR 鐵路 路線圖

4. 天橋立

與宮島及松島統稱為舊日本三景之一的天橋立，在宮津灣中央有一條長長的砂州，由於從高處倒頭看就像是天空中高高掛著的一道橋般而得名。天橋立有多個展望台，每個展望台皆以不同的角度所看到的形態來命名。就以「飛龍觀」為例，從南側眺望砂州，就像是飛龍在天的形態而得名。這裏有很多不同的景點，很值得花時間在這裏慢慢閒逛。

網　　址	www.amanohashidate.jp/
優惠資訊	goo.gl/KP0X21

美食推薦

但馬牛

黑毛和牛的一種，位於兵庫縣北部地區飼養的牛被稱為但馬牛，於兵庫縣內生產的牛肉質及品種純良，屬高級數的和牛品種。但馬牛中的肉質等級達到 BMS 值 6 級以上、步留等級達 A、B 等滿足各種條件下，便被選為最上等的牛肉，這些都被稱為「神戶牛」。即「神戶牛」是「但馬牛」中屬最上等級數的牛肉。

「松葉かに」（松葉蟹）

城崎溫泉的特產，一出城崎溫泉站就會看到周圍都是蟹，城崎商店街沿路有數十間售新鮮海鮮的店鋪或餐廳，來到這裏可以品嘗到松葉蟹的鮮味，還有其他的海產和漁類製品，價錢比市區的便宜。在這裏的溫泉旅館所提供的晚餐大多包括一隻松葉蟹，建議在城崎溫泉住一天，好好休息，也要慢慢地品嘗才對得起自己。

「青春 18」省錢之旅

留學期間為了省錢，曾試過利用「青春 18」車券，雖然乘車時間很長，但車費超值的緣故，最適合想省錢而又不怕辛苦的背包客使用。

🚌 遊走路線及交通

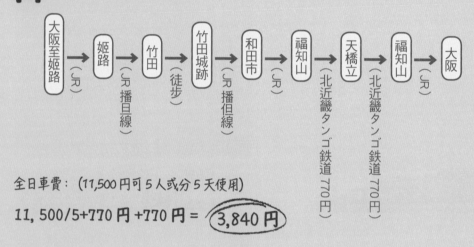

大阪至姬路（JR）→ 姬路（JR 播旦線）→ 竹田（徒步）→ 竹田城跡（JR 播但線）→ 和田市（JR）→ 福知山（北近畿タンゴ鉄道 770 円）→ 天橋立（北近畿タンゴ鉄道 770 円）→ 福知山（JR）→ 大阪

全日車費：(11,500 円可 5 人或分 5 天使用)

11,500/5+770 円 +770 円 = 3,840 円

▲車票 1 張

不可不知的「青春 18」乘車券

1. 日本自由行的背包客的最愛。
2. 購票不分年齡也沒有國籍的限制。
3. 需要有足夠的精力和體力乘坐一整天的普通列車。
4. 可以在一日內自由乘搭 JR 的普通或快速列車，次數不限。
5. 可以供全國地區使用的 JR 鐵路車券，可配合本書所介紹的 Free Pass 一併使用。
6. 此車券沒有成人和兒童票之分，大小一律同價。
7. 使用靈活：可以讓最多 5 個人同時使用外，還可以一個人於任意 5 天使用，讓旅客能靈活安排行程。
8. 一枚價錢 11,850 円的「青春 18」可分五次使用，平均一天為 2,370 円，只要一日來回大阪至和歌山就已值回票價。

「青春 18」可使用期間

主要為學校的長假期（春假、暑假及寒假），大約在假期前 10 天便會開始發售。故此，計劃行程時要留意它的發售期間及使用期間。

參考行程（關西）：
一次以 2,300 円計算（舊價）

相隔距離最遠	景點	日數	一般車費	可省車費	備註
大阪～天橋立	竹田城跡、天橋立	一天（往返）	5,690 円	3,390 円	不含北近畿線
大阪～白浜	熊野古道、白浜	一天（往返）	5,880 円	3,580 円	

* 從上表可知，「青春 18」乘車券吸引人的地方到底在哪裏了吧？

◀車京崗山狩獵紅葉的自遊行

旅人隨筆

無論是利用「青春 18」作遠征，還是利用本書所介紹的 Free Pass 出走，我們總是帶著笑容，走到每一個地方。這是我們曾經的共同回憶，每當再次踏上同一塊土地的時候，腦海裏總會浮現出一個個零碎的片段，把它們重新組合起來，好像又再次回到那個無憂的空間。

5
CHAPTER

奈良縣篇

另類的寧靜古都感

奈良位處近畿的中南部，是全日本占地面積排行第八的縣區。在這裏的寺廟建築擁有著一種優雅之感，散發着古典的氣息，尤以東大寺最為著名。除了寺廟外，奈良縣內還有很多古蹟和宮蹟，故亦有「古都奈良」之稱。提到奈良，相信大家都會立刻連想到小鹿，但可惜由於遊客胡亂餵飼料的關係，小鹿的數目愈來愈少。另外，奈良縣的南部是紀伊半島的內陸地區，故愈近南部，山區較多。

奈良縣各類 Free Pass 介紹

＊奈良世界遺產自由車券「奈良世界遺産フリーきっぷ」

此 Free Pass 分為 3 種，依不同路線的需求提供旅客使用。

乘搭範圍

近鐵、奈良巴士（不同路線 Free Pass 可使用範圍不同）

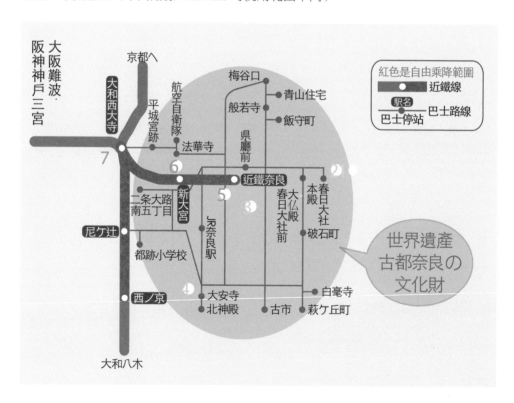

車券簡介

日　當天買當天即可使用
　　全年
　　沒有
　　近鐵特急券售賣處
　　特急列車需另付特急券費用
　　goo.gl/0f2NXM

可使用優惠券的設施
1 春日大社寶物殿
2 春日大社萬葉植物園（神苑）
3 元興寺
4 大安寺
腳踏車出租位置
5 近鐵奈良center
6 新大宮center
7 西大寺center
※割引
適用於3～11月之間

奈良世界遺產自由車券 Free Pass 怎麼用

路線	使用日數	主要景點	大阪出發票價
1 奈良市	1 天	平城宮跡、奈良公園	1,250 円

分析：適合只去奈良公園，單買近鐵來回車券即可（來回 1,120 円）

2 奈良、斑鳩	2 天	平城宮跡、奈良公園＋法隆寺	1,830 円

分析：適合 2 天行程用，如果能一天內遊走奈良公園和法隆寺，買「奈良、斑鳩 1DAY チケット」比較划算。

3 奈良、斑鳩、吉野	3 天	平城宮跡、奈良公園、法隆寺＋天理＋飛鳥＋吉野（紀伊山地）	2,910 円

分析：適合行程若超過 2 天以上者。

最適合的玩法

平城宮跡＋奈良公園（1 天券）＋法隆寺（2 天券）＋天理＋
飛鳥＋吉野（3 天券）

玩家
叮嚀

＊如果一天內遊走飛鳥，另一是點的行程，可考慮使用「關西2大／5大周遊券」的一天行程（平均一天約 1,700 円）
＊如果一天內只去飛鳥，應購買「古代ロマン飛鳥日帰りA コース Free Pass」

*奈良、斑鳩 1 日套票「奈良、斑鳩 1DAY チケット」

此 Free Pass 適合前往生駒山和奈良公園／法隆寺使用。由於法隆寺交通比較不方便，需乘近鐵再轉乘巴士，故此建議選擇前往奈良公園或法隆其中一個地方。除了生駒山和以上其中一個景點外，有剩餘時間還可以前往平城宮跡（大和西大寺站）去。

乘搭範圍

大阪市內交通、近鐵（大阪難一奈良・京都一筒井・長田一生駒纜車）、奈良鐵道公司指定區域及奈良交通巴士指定路線

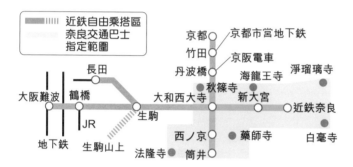

▲ 奈良、斑鳩 Free Pass 詳細地圖

車券簡介

↔	4月1日～翌年3月31日（每年更新）
🗓	4月1日～翌年4月30日（每年更新）
日	當天買當天即可使用
✔	有效使用期間中的任何一天
⊘	沒有
$	成人 1,650 円（沒有兒童票）
🔖	大阪地下鐵、NEW TRAM 全線站長室、市營交通案內櫃台（新大阪）、大阪市營地下鐵定期券發售所
註	有其他縣區出發的 Free Pass（請參考相關網頁）
🌐	goo.gl/y2hgYV

最適合的玩法

生駒山＋奈良公園／法隆寺

玩家教你省

適合由大阪出發之行程

基本行程：地鐵沿線（住宿）—（地下鐵：210 円）→難波／日本橋—（近鐵：400 円）→生駒—（纜車來回：720 円）→生駒山上—（近鐵：260 円）→大和西大寺—（近鐵：210 円）→近鐵奈良—（近鐵：560 円）→難波／日本橋—（地下鐵：210 円）

省錢指數 920 円起

＊古代浪漫飛鳥日歸車券
「古代ロマン飛鳥日帰りきっぷ」

適合一天來回奈良飛鳥地區遊玩的旅客使用。包來回大阪至飛鳥區域的車券及當地巴士單程車券一張、腳踏車 200 円割引券或店鋪 100 円割引券的其中 2 項。

近鉄沿線（大阪方面）→ 大阪難波 近鐵日本橋 大阪上本町 鶴橋 布施 生駒 長田 大和西大寺 近鉄奈良 桜桜井 大和八木 橿原神宮前 飛鳥地區 飛鳥 壹阪山 吉野

▲紅色為自由乘搭範圍

乘搭範圍

近鐵來回售賣場所各站至飛島地區近鐵站來回票、飛鳥地區內自由乘搭。

◀飛鳥地區遊覽地圖

車券簡介

↔	4 月 1 日～ 翌年 3 月 31 日
🗓	4 月 1 日～ 翌年 3 月 31 日
日	當天買當天即可使用
✔	有效使用期間中的任何一天
⊘	沒有
$	大阪近鐵版：成人 1,440 円（沒有兒童票）
🏠	大阪難波、日本橋、上本町、鶴橋和大阿部野橋各站（近鐵 Free Pass）
註	有其他縣區出發的 Free Pass（請參考相關網頁）
🌐	goo.gl/C4hVO7

┌─ 最適合的玩法 ──────
　　飛島（大阪出發）
└─────────────────

玩家解析

優惠券使用方法
1. 可選擇乘搭巴士一程
2. 可當作租借腳踏車費用省 200 円
3. 設施及店鋪優惠券
以上 3 種可隨意選擇 2 次使用，最多可在同一項使用 2 次。例如：2 次皆用作租借腳踏車可省 400 円或可乘搭巴士 2 次。

玩家教你省

基本行程：難波─（近鐵：710 円）→飛鳥駅─（巴士／腳踏車：省 200 円）→石舞台─（巴士／腳踏車：省 200 円）→飛鳥駅─（近鐵：710 円）→難波

🔍 省錢指數 400 円起

奈良縣景點

✳奈良市及周邊地區

奈良市主要以小鹿及寺廟聞名，由於 2010 年平成宮跡的復修工作完成，故更能突顯「古都奈良」之稱號。奈良沒有大阪的繁榮，但亦沒有京都的遊人密集，在奈良有一種另類的古都寧靜感。

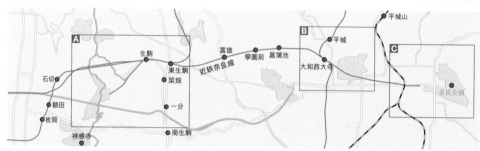

▲生駒、奈良市位置圖

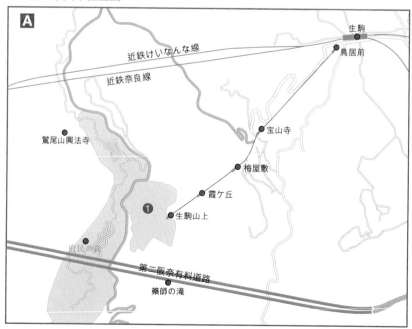

◀生駒山
位置圖

202

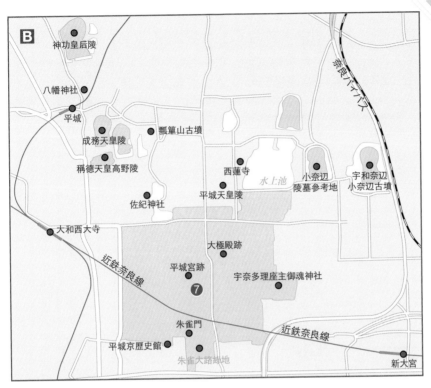

▲平城宮跡位置圖

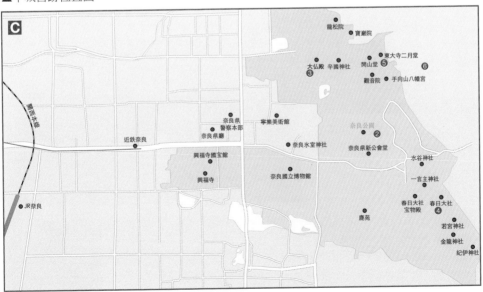

▲奈良公園位置圖

奈良市及周邊地區的重要景點與美食介紹

1. 生駒山

大阪與奈良的邊界，擁有日本最早的登山纜車。古舊的街道及寺院等展現出生駒的歷史價值。另外，生駒山上有一個遊樂場，欣賞景色的同時，亦可享受親子之樂。

遊園地入場券	入場免費，各項遊戲設施另外收費
交　　　通	近鐵「生駒山駅」轉乘登山纜車到「生駒山上駅」
備　　　註	從「生駒山駅」出發，有多條登山步道供喜歡爬山的人士使用，有關生駒山麓公園的登山路線，可參考有關網頁。

▲生駒山麓公園
登山路線圖

2. 奈良公園

公園範圍內到處可見小鹿的踪影，是各大寺廟及名勝集中之地。公園內還有很多不同的水池及園地，是春、秋季賞花的名所。東大寺、二月堂及春日大社等都在奈良公園的範圍內。

交　　　通	JR「奈良」站徒步約 15 分鐘、近鐵「奈良」站徒步約 10 分鐘
地　　　址	奈良市登大路町 30
電　　　話	074-227-8036
網　　　址	nara-park.com/

3. 東大寺大仏殿

僅次於古代的出雲大社，是現時世界最大的古代木造建築，又有「雲太、和二、京三」的說法。有一千二百多年的歷史，被列為世界文化遺產。

開放時間	07:30 ～ 17:00（冬天 08:00 ～ 16:30）
入 場 費	成人 500 円；小學生 200 円
交　　通	JR「奈良」站乘市內循環巴士至「大仏殿春日大社前」徒步 5 分鐘、近鐵奈站徒步 20 分鐘
地　　址	奈良市水門町南院峃 82（南大門南側）
電　　話	074-222-5025
網　　址	www.todaiji.or.jp/

4. 春日大社

僅奈良的春日大社，是全國各地約一千多所春日大社的總堂，世界遺產「古都奈良之文化財」之一。

開放時間	08:30 ～ 16:45
入 場 費	500 円
交　　通	「奈良」站市內巴士至「春日大社本殿」下車
地　　址	奈良市春日野町 160
備　　註	074-222-7788
網　　址	www.kasugataisha.or.jp/

5. 二月堂

每年農曆2月會在這裏舉行汲水節，是利用14天的時間祈求國泰民安及豐收的祭典，而僧侶們都會藉此機會向十一面觀音懺悔。每年3月1日至14日晚上7時於二月堂所舉行「お松明」的行事是汲水節的高潮，僧侶手持火把在二月堂上奔馳，聽說在過程中所留下的灰燼有避邪的作用，故人們在行事完結之時，便會走到二月堂下尋找灰燼以保平安。

| 網 址 | goo.gl/j4S2Wb |

6.「若草山燒き」

每年1月第四個週末所舉行的燒山活動，都會吸引數十萬的遊人來參加。是每年古都奈良的新年祭典之一，把整個山頭燃燒起來，為新一年作好的開始。

| 網 址 | goo.gl/8IQ5pW |

> **以教會名稱命名的市區**
> 位於奈良市周邊地區的天理市是唯一一個以教會名稱命名的市區，也是天理教的總堂所在之地，有很多關於天理教的設施及建築。由於當時天理教的興起，故在那裏的信徒要求把當地的名稱改為天理市而得名。

7. 平城宮跡

有 1300 年歷史的平城宮跡，於 2010 年復完再開，展現了當時的太極殿及朱雀門等
建築，另外還有資料館和歷史館展出了不同的文化物品及珍貴的資料。

開放時間	09:00 ～ 16:30
休 園 日	星期一及年末年始
交 通	JR 或近鐵「奈良」站轉乘 100 円循環巴士或「大和西大寺」站徒步 20 分鐘
地 址	奈良市二条大路南 4 丁目 6 番 1 号
電 話	074-235-8201
網 址	heijo-kyo.com/

100 円循環巴士	
行駛期間	全年的週末及假期及夏季（7 月 19 日～ 8 月 31 日）和秋季（10 月 11 日～ 11 月 16 日）每天行駛
主要分為 3 個路線	1 奈良公園路線：09:00 ～ 17:00 每 15 分鐘一班 2 平城宮跡路線：09:00 ～ 17:20 每 20 分鐘一班 3 奈良町、県庁前路線：09:00~17:20 每 20 分鐘一班
費 用	每趟 100 円
備 註	木簡型 1 日自由乘車券 成人 500 円；兒童 250 円

斑鳩地區的
重要景點

斑鳩屬奈良縣生駒郡內的一個地區，飛鳥時代所建的木造建築——法隆寺正位處於此。主要景點沒有鐵路可到達，巴士為斑鳩地區的主要交通。

▲奈良市區域圖

▲斑鳩地區圖

景點介紹

1. 法隆寺

法隆寺又被稱為斑鳩寺，是廣為人知的全世界最古老的木造建築，保存著飛島時代的建築特色，是最早成為世界文化遺產的日本佛堂，是擁有佛教文化的寶庫。

開放時間	08:00 ～ 17:00（冬天至 16:30）
參拜費	成人 1,000 円；小學生 500 円
交 通	JR「法隆寺」站徒步約 20 分鐘或於近鐵奈良駅乘巴士至「法隆寺前」下車
地 址	奈良縣生駒郡斑鳩町法隆寺山內 1 の 1
電 話	074-575-2555
網 址	www.horyuji.or.jp/

飛鳥地區的
重要景點

在持統天皇遷都到藤原宮之前，大約 100 年間各天皇的宮殿都在「明日香」這個地方存在過。故此，在這裏除了有宮跡和寺廟外還有很多古墳被發掘出來，最著名的就是「石舞台古墳」。

▶奈良市區域圖

▼飛鳥地區圖

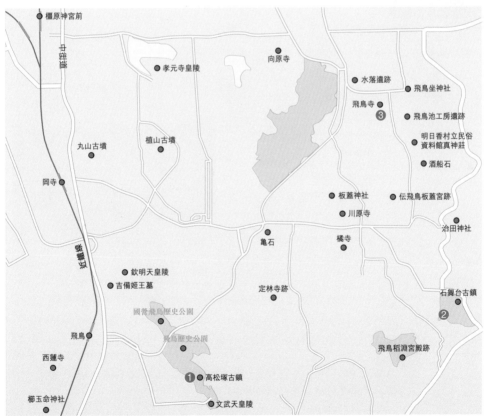

1. 高松塚古墓

7 世紀末至 8 世紀所造的古墳，於 1972 年發掘出彩色的壁畫，壁畫主要以男女人物為主、而四神像（朱雀、青龍、白虎、玄武）中則欠缺朱雀的存在，故與一般壁畫有別，有高度考古的價值。

開放時間	09:00 〜 17:00
休館日	12 月 29 日〜翌年 1 月 3 日
入館費	成人 250 円；高中及大學生 130 円；中、小學生 70 円
交　通	近鐵「飛鳥」站徒步約 15 分鐘、騎腳踏車約 5 分鐘
地　址	奈良縣高市郡明日香村大字平田 439
電　話	074-454-3340
網　址	www.asuka-park.go.jp/takamatsu/

2. 石舞台古墳

飛鳥歷史公園內的石舞台是日本中最大的方墳，三十幾塊岩石總重達 2,300 噸，展現出當時高超的搬運技術。巨大的兩袖式橫穴式石室是其獨特的地方。楓紅及櫻花季節為這個古墳增添了不少的色彩。

開放時間	08:30 〜 17:00
入館費	成人 250 円
交　通	近鐵「橿原神宮前」站或「飛鳥」站轉乘奈良交通明日香周遊巴士於「石舞台」下車徒步 3 分鐘
地　址	奈良縣高市郡明日香村島庄
電　話	074-454-4577
網　址	www.asuka-park.go.jp/ishibutai/

3. 飛鳥寺

是在飛鳥市內很有代表性的寺廟，是日本最古老的正統佛寺。其供奉的大佛比奈良東大寺的還要早 150 年，是重要的文化遺產。

開放時間	09:00 〜 17:15，休息日 4 月 7 日〜 9 日
正殿拜觀費	成人 350 円
交　通	近鐵「橿原神宮」站轉乘巴士到「飛島大仏」站下車或徒步 40 分鐘
地　址	奈良縣高市都明日香村飛鳥 682
網　址	goo.gl/3TxTDN

相關 Free Pass

1. 適合一天來回大阪至飛鳥，建議使用「古代ロマン飛鳥日帰りきっぷ」（古代浪漫飛鳥日歸車券）。

2. 適合於飛鳥地區以巴士遊玩多個景點的行程請使用「明日香周遊巴士1日自由乘車券」。

「明日香周遊バス1日フリー乘車券」（明日香周遊巴士1日自由乘車券）	
可使用交通工具	明日香村（奈良交通）周遊巴士「赤亀バス」（赤龜巴士）全區域
價　　格	成人650円；兒童330円
相關網頁	goo.gl/Tgveah

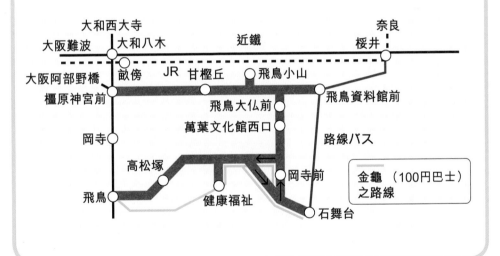

旅人隨筆

飛鳥主要是一個古墓遺跡比較多的地方，如果對古墓沒有多大的興趣，可以選擇不去，但如果剛好遇上櫻花或紅葉季節，那就另當別論了，因為飛鳥算是郊區，田園景色風光明媚，再加上不同顏色的秋葉或櫻花的襯托，卻有另一番風味。

騎乘腳踏車前往石舞台需要一定的技術，因有上下坡的路段，亦需沿馬路旁狹窄的人行道行走。如果只是在車站附近遊走則是個不錯的選擇。

6
CHAPTER

和歌山縣篇
信奉山嶽的聖地

位於日本最大的半島——紀伊半島西面的和歌山縣，以和歌山市為主要城市，其內著名的景點有貴志川線的貓站長、歷史悠久的南紀白浜溫泉、三大靈山之一的高野山及紀伊半島的熊野古道。從大阪至和歌山縣各地區主要的交通當然少不了 JR 鐵路，另外還有南海電車可前往和歌山市（約 1 小時）及高野市（約 1.5 小時）。本篇章分別以高野山、和歌山市、白浜、熊野古道介紹利用不同 Free Pass 景點與交通方式來作介紹。

和歌山県

日本三大靈場之一的「高野山」

高野山，日本三大靈場之一，和恐山（東北）及比叡山（京都）齊名。高野山標高 1,000 公尺，是被稱為八葉之峰的 8 個山峰所包圍而成的一個盆地。由於被八峰所包圍而形成一朵像蓮花般的地形，故這裏是作為佛教聖地的一個非常適合的地方。

高野山是真言密教的聖地，有超過 1200 年的悠久歷史。這裏有大約 2 萬 8 千多種國寶和重要的文化財產，更收藏了大約 30 萬種寶物，是日本的一個重要文化保存地。

網址：www.shukubo.net

主要景點

高野山內有超過 100 所歷史悠久的寺廟，直至現在仍保存得很好。山上環境優美，非常寧靜，到處都是高聳入雲的老杉樹、墓石、石碑等，有種神秘而又莊嚴的氣氛，使這裏充滿了濃厚的佛教氣息。

◀高野山纜車

▲詳細地圖

▲高野山內的通道旁邊種滿了楓樹

▲高野山站

▲昔日女性禁止進山，讓女人等候的場所

▲金剛三昧院的國寶——多宝塔

215

▲高野山真言宗之總本山的住寺，金剛峯寺中的「龍庭」是日本最大的石庭

▲高野山壇上伽藍根本大塔

▲高野山真兩大聖地之一的壇上伽藍金堂

旅人隨筆

我並不是在觀賞紅葉的季節到高野山遊玩的，但在山上也能找到楓樹，後來向日本人請教，才知道原來楓樹有分真假楓樹的，如果是真的楓樹，它是全年都是楓紅，而其他則只會在入秋後才會開始變色的。單單幾棵紅葉樹就能讓高野山增添了另一番的味道，如果到了觀賞紅葉的季節，那更是不得了！

高野山 Free Pass 介紹

＊高野山 1DAY 車券「高野山 1 DAY チケット」

專為前往高野山而設的一天車券，價格根據出發地而有所不同。這裏介紹的是從大阪出發的大阪交通局版的 DAY Pass。DAY Pass 包括了來回大阪至極樂橋的南海鐵路外，還包括了極樂橋到高野山的纜車和高野山上巴士的車費。

乘搭範圍

大阪地下鐵、NEW TRAM 及市巴士、南海高野線全線、高野山纜車、南海高野山林間巴士（南海りんかんバス）

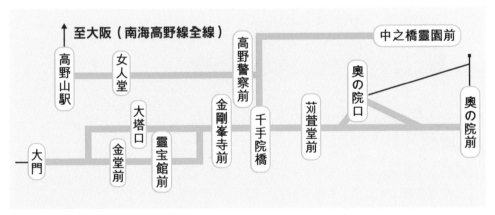

▲簡單路線圖（高野山上山林巴士）

最適合的玩法

高野山（包大阪來回車費）

▲詳細地圖及景點資料

↔ 春：4 月 1 日～ 6 月 30 日（期間限定）
　 秋：10 月 1 日～ 11 月 30 日（期間限定）

日 當天買當天即可使用

✔ 有效使用期內的任何一天

$ 成人 2,930 円（沒有兒童票）

🏠 大阪地下鐵各車站售賣處、大阪市營交通案內所等

註 特急列車需另付特急券費用

🌐 goo.gl/EBoFbY

＊高野山‧世界遺產車券「高野山‧世界遺產きっぷ」

適合南海線各站前往高野山 2 日遊的遊客。此車券包括了來回鐵路的優惠車費及山上巴士 2 日券的套票，價錢比一天的便宜，只需 2,860 円（難波出發），但如非必要，高野山應該一天就能遊覽完畢，建議使用關西周遊券前往。

相關網址：goo.gl/4np0oP

玩家教你省

雖然這個 Free Pass 比單買車券划算，但如果使用關西周遊券（2 天／ 3 天）的其中一天前往高野山，車費只需約 1,750 円，比單買這個高野山一天 Pass 還要便宜。

滿滿新鮮魚貨量的「和歌山市」

位於關西地區的西南部，和歌山縣以北的地方，是和歌山縣的中心。在這裏除了和歌山城外，還有於貴志的著名貓站長。在和歌浦灣旁的黑潮市場也是和歌山著名的海鮮市場。和歌山港是南海電車和歌山線的終點站，沿路經過的阪南市，是一個漁村，那裏的民居從小就認識漁類的品種，在那裏的學校，還會舉辦有關於辨認不同漁類名字的比賽。

他們每天都會吃自己抓到或自製的漁類產品，把海藻做成不同的乾貨後再運送到商店去分賣。自家製的紫菜有一種特別的鮮味，與在超市或百貨公司所買到的味道差別很大。

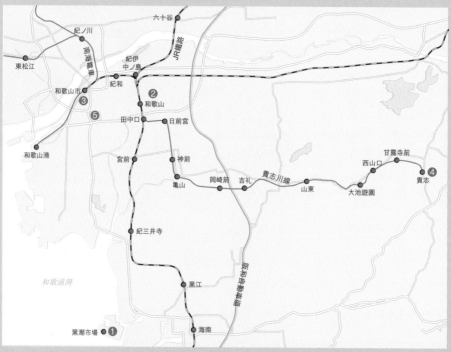

和歌山市的
重要景點與美食介紹

▲和歌山市地圖

景點介紹

1. 黑潮市場

有日本新鮮漁產的市場，除了有鮮活魚外，還有售賣即食的刺身、壽司、炸物、土產等店鋪，2 樓有餐廳提供較舒適的餐飲服務。關西地區有人氣的漁市場之一。

營業時間	10:00 ～ 18:00
交　　通	JR「海南」站乘計程車約 10 分鐘、乘巴士 15 分鐘
地　　址	和歌山市毛見 1527 番地
備　　註	在餐廳進膳有 2 小時泊車優惠或購物滿 1,000 円以上有一小時泊車優惠
網　　址	www.kuroshioichiba.co.jp/

2. JR「和歌山」站

要到 JR 和歌山站，在搭乘南海電車到和歌山市站時，需轉 JR 紀勢本線或搭和歌山巴士前往。

3. 南海「和歌山」站

JR 鐵路與南海電車並不是相連的車站，要考慮行程再選擇使用哪一種鐵路前往才比較適合。

4. 貴志川（貓站長）

日本的小火車線，因為一隻可愛的小貓而紅遍各地，吸引了不少愛貓者到來與貓站長相見。

營業時間	09:00 〜 17:30
入城費	成人 410 円；兒童 200 円
交通	JR「和歌山」站乘市內巴士（0 號及 25 號）至「公園前」站下車／南海「和歌山市」站徒步 10 分鐘
備註	貴志站沒有停車場，應盡量使用貴川線電車前往。
網址	www.wakayama-dentetsu.co.jp/

5. 和歌山城

日本三大連立式平山城之一的和歌山城，大、小天守連結在一起而成為連立式的建築。和歌山城位處虎伏山上，站在天守裏可遠眺整個和歌山城下町的樣貌。其中西之丸庭園、御橋廊下、石垣、岡口間及追廻門等都是城內的重要景點。

營業時間	09:00 〜 17:30
入城費	成人 410 円；兒童 200 円
交通	JR「和歌山」站乘市內巴士（0 號及 25 號）至「公園前」站下車／南海「和歌山市」站徒步 10 分鐘
地址	和歌山市七番丁 23 番地
電話	073-422-8979
網址	goo.gl/kgUvaJ

和歌山市 Free Pass 介紹

✳貴志川線 1 日乘車券

喜歡貓的遊客一定會知道的貴志川線，是從和歌山市前往探望貓站長的小鐵路線。只要來回 JR 和歌山市站至貴志一次就值回票價的乘車券。

乘搭範圍

貴志川全線

車券簡介

↔ 全年

📅 當天買當天即可使用

💲 成人 720 円
兒童 360 円

🏠 JR 和歌山站、和歌山市役所 1 樓、和歌山巴士乘車券售票處等

📝 車內未出售此乘車券

🌐 goo.gl/NfpZeB

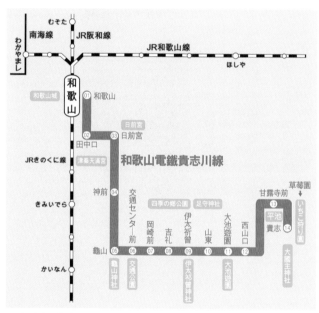

▲貴志川路線圖

最適合的玩法

和歌山市貴志川線（貓站長）

玩家叮嚀

從大阪乘坐 JR 和歌山站再轉乘貴志川線即可。如果乘坐南海電車到南海和歌山站需轉乘巴士或其他交通工具前往 JR 和歌山站才行。

名勝聚集的
「白浜」（白濱）

和歌山縣內具歷史價值的南紀白浜溫泉區內有許多溫泉酒店及旅館，昔日「湯崎七湯」中唯一遺留下來的「崎の湯」就正位於此。白浜地區內還有多個著名的景點：円月島、三段壁、千疊敷、海濱公園及「とれとれ市場」等。從大阪坐巴士或 JR 前往白浜站，再換乘巴士即可遊覽各個主要景點。乘搭 JR 特急列車需時約 2 個半小時，故建議在白浜住一天。

▲白浜地圖

景點介紹

1.「アドベンチャーワールド」（ADVENTURE WORLD）

集動物園、水族館、遊園地於一身的主題公園。這裏有很多珍貴的動物，包括中國國寶——熊貓。在這裏，人類、動物和大自然可以有一種恰到好處的調和感。

營業時間	09:30～17:00（冬季 10:00 開始營業）
休 園 日	不定休
入 園 費	成人 4,100 円；兒童 2,500 円（附遊園地自由 Pass 需另加 1,500 円）
交 通	JR「白浜」站乘坐路線巴士約 10 分鐘
地 址	和歌山縣西牟婁邵白浜町堅田 2399 番地
電 話	057-006-4481
網 址	aws-s.com/

2. 三段壁

白浜內的自然景觀，高約 60 公尺呈柱狀紋理的崖壁，是著名的斷崖絕壁之一。在崖壁頂到處放有告示板寫著：「在作出決定之前，請先致電摯親」的字句，聽說在這裏經常發生不愉快的事件。三段壁洞窟是位於三段壁下的海蝕洞，是昔日熊野水軍藏身之處。由於洞穴長期被大浪所侵蝕，故形成了波濤湧入洞穴的奇觀而著名。

營業時間	08:00 ～ 17:00
入 園 費	成人 1,300 円；兒童 650 円
交 通	JR「白浜」站轉乘往「三段壁」方向路線巴士於「三段壁」下車
地 址	和歌山縣西牟婁郡白浜町三段 2927-52
電 話	073-942-4495
網 址	sandanbeki.com/

◀三段壁

3.「崎の湯」

有 1300 年悠久歷史的古老溫泉，設備簡陋，但卻能親身體驗到古代溫泉的獨特之處。
露天溫泉視野廣闊，充斥著硫磺味，聆聽著海浪聲的同時，亦能看到漁船在太平洋
中行駛的有趣情境，不禁壓低身軀生怕漁民會看到什麼似的，另有一番滋味。

營業時間	08:00 ～ 18:00（冬季營業時間較短）
入 浴 費	300 円
交　　通	JR「白浜」站轉乘往「新湯崎」巴士約 15 分鐘，於「湯崎」下車徒步 5 分鐘
地　　址	和歌山県西牟婁郡白浜町湯崎 1668
電　　話	073-942-3016
網　　址	goo.gl/21aCJW
備　　註	需自備毛巾及淋浴用品，只有門外一個小置物櫃可供放貴重物品

4. 御船足湯

在這裏可以邊欣賞著名的円月島日落景色，一邊享受足湯的
樂趣。

開放時間	08:00 ～ 22:00
交　　通	JR「白浜」站轉乘巴士於「白浜バスセンター」站下車
地　　址	和歌山県西牟婁郡白浜町 743-5

5. 千疊敷

與三段壁一樣長期被海水浸蝕而形成複雜的地形。由於這裏一層一層的岩盤疊在一起而有「千疊敷」之稱。在強風及巨浪的情況下，這裏會有警報及禁止遊客進入岩盤的範圍之內。

營業時間	10:00 ～ 18:00
交　　通	JR「白浜」站轉乘往「三段壁」方向路線巴士於「千疊口」下車或從「三段壁」徒步約 17 分鐘
地　　址	和歌山縣西牟婁郡白浜町千疊敷
電　　話	073-943-5555
網　　址	goo.gl/qJNiYF

6. 円月島

由於海浪的浸蝕而成的円月島，是白浜觀賞日落的著名景點。剛好在円月島中間的海蝕洞中出現的日落景色，是日本難得一見的奇觀。

備　　註	日落時間夏季約 18:30、冬季約 16:30
網　　址	goo.gl/2iP4Wj

7. 觀賞円月島景色的位置

遊人可以在岸邊遠眺，也可以選擇坐船接近円月島來欣賞這著名的日落景色。

8.「とれとれ市場」

西日本最大的海鮮市場，有日本全國四季的各類海產及和歌山特色的土產店。雖然市場至晚上 6 點，但 5 點左右各攤檔便會開始以較低的價格出售賣剩的漁類，選擇不多，但卻可以買到便宜的刺身。

營業時間	10:00 ～ 18:00
交　　通	JR「白浜」站轉乘巴士於「とれとれ市場」站下車
地　　址	和歌山県西牟婁郡白浜町堅田 2521 番地
網　　址	www.toretore.com/tore/

▲海濱

玩家
叮嚀

「展望觀光巴士いそかぜ号」
運行時間：9 月 13 日～ 11 月 3 日週末及假期

白浜 Free Pass 介紹

＊ TOKUTOKU FREE 乘車券「とくとくフリ一乗車券」

這個乘車券分為有 1 日、2 日及 3 日券之分，可因應行程所需選擇適當的票券。此乘車券除了包括明光巴士全天車費外，還包括一次乘搭「展望觀光巴士いそかぜ号」的機會，還有部分觀光設施入場優惠及手信店的折扣券可供使用。是個遊白浜既方便又划算的乘車券。

乘搭範圍

白浜明光巴士

車券簡介

📅 當天買當天即可使用

✔️ 全年

💲 1 日券成人 1,100 円；兒童 550 円
2 日券成人 1,400 円；兒童 700 円
3 日券成人 1,600 円；兒童 800 円

🏠 白浜站前案內所（10:00 ～ 17:00）、
白浜町白浜店 lawson（巴士站附近）、
白浜空港（2 樓 福龜堂賣店）、三段
屋、千疊酒店及白浜御苑

註 可利用「Kansai WIDE Area Pass」
（P.22）於大阪至白浜間移動

🌐 goo.gl/aSQca6

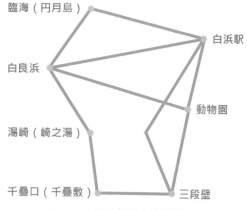

▲明光巴士路線圖

▲巴士時間表

▲「とくとくフリ一乗車券」

最適合的玩法

白浜

▲白浜明光巴士

有治癒之道美稱的「熊野古道」

熊野古道又被稱為「治癒之道」，是日本唯一，也是世界罕見以「道路」為主的世界遺產。熊野古道始源於平安貴族在這個熊野祕境裏想要找一個現世淨土而開始。現在被列為熊野古道的有很多，其中包括中边路、大边路、小边路和伊勢路等。其範圍包括以和歌山的熊野三山（熊野本宮大社、熊野速玉大社、那智山青岸渡寺、補陀洛山）為中心，以至奈良、三重等各縣都能找到熊野古道的蹤影。其中最具人氣的路線就是這個仍然保存著古代風情的、位於深山中的中边路。

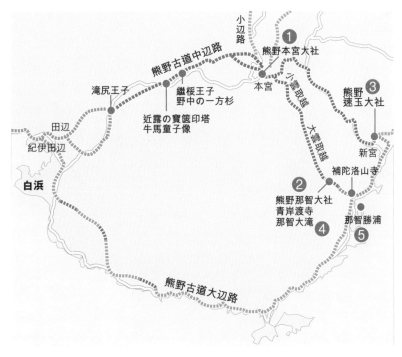

熊野古道的
重要景點

景點介紹

1. 熊野本宮大社

全國的「熊野神社」的總本宮，是「熊野三山」之一。社殿上的檜皮葺使這裏帶有一種古代的味道，莊嚴的氣派使這裏成為了「中辺路」中最重要的靈場。

交 通	JR「新宮」站乘坐路線巴士約 1 小時 20 分鐘、JR「白浜」站乘坐路線巴士約 1 小時 35 分鐘
地 址	和歌山県田辺市本宮町本宮
電 話	073-542-0009
網 址	www.hongutaisha.jp/

2. 熊野那智大社

「熊野三山」之一，是從古至今很多人來參拜的神社。位於標高 500 公尺、需走上四百多級石梯才能到達的那智大社，是守護農林、水產及漁業等大自然中萬物之神明。每年 7 月 14 日都會在這裏進行日本三大火祭之一的「那智火祭」。

交 通	JR「紀伊勝浦」站轉乘巴士往「那智山」行約 30 分鐘於終於站下車再徒步 15 分鐘
地 址	和歌山県東牟婁郡那智勝浦町築地 6 丁目 1 番地 1
電 話	073-942-4495
網 址	www.kumanonachitaisha.or.jp/

3. 熊野速玉大社

「熊野三山」之一。位於熊野川河口，境內有一株「竹柏」神木是天然的紀念物。

交 通	JR「新宮」站徒步約 15 分鐘
地 址	和歌山県新宮市新宮 1
電 話	073-522-2533
網 址	kumanohayatama.jp/

4. 那智大滝

無論是高度，還是水量，也是日本第一的那智瀑布，是熊野那智大社的別宮——飛瀧神社之神體。是日本三大瀑布之一。

交　　通	JR「紀伊勝浦」站轉乘巴士往「那智山」行約 30 分鐘於「那智の滝前」再徒步 5 分鐘
地　　址	和歌山県東牟婁郡那智勝浦町築地 6 丁目番地 1
電　　話	073-552-5311
網　　址	goo.gl/EUF1uw

5. 勝浦溫泉

勝浦溫泉有 200 個以上的泉源流出，其中最著名的是浦島酒店內的「忘帰洞」大洞窟風呂。在被海浪的浸蝕而造成的天然大洞窟裏泡溫泉，從洞窟可以眺望太平洋的景色，是個非常特別的天然溫泉奇觀。

日歸溫泉	1,000 円
地　　址	和歌山県東牟婁郡那智勝浦町勝浦 1165-2
電　　話	073-552-1011
酒店網址	www.hotelurashima.co.jp/
勝浦溫泉網址	www.nachikan.jp/

南紀熊野古道 Free Pass 介紹

＊熊野古道散策自由車券「熊野古道散策フリーきっぷ」

這個 Free Pass 最適合前往熊野三山和熊野古道散策之用。3 天內無限乘搭區域內巴士，也可以選擇走山路前往各個地方，如果自駕前往的話，反而會有點不方便，旅程會有比較多的限制。熊野古道中的那智山（那智大社）、勝浦、熊野本宮大社等都在使用範圍內，是個非常方便的 Free Pass。如果從大阪出發，可以配合使用 Kansai WIDE Area Pass（P.22 有詳細介紹）或「青春 18」車券前往和歌山「新宮」站，再購買這個 Free Pass。

乘搭範圍

熊野交通巴士（範圍包括：新宮、熊野本宮、湯の峰溫泉、那智大社、紀伊勝浦及潮岬）。

▲巴士路線圖

車券簡介

↔ 當天買當天即可使用
日 當天買當天即可使用
✓ 全年
$ 成人 3,000 円；兒童 1,500 円
☖ 新宮站、紀伊勝浦站、瀞峽めぐりの里、熊野川（志古乘船場）、那智山 光センター（center）及潮岬観光タワー（tower）的營業所內

註 從了從新宮前往熊野本宮大社外，也可以選擇從白「紀伊田辺」（白浜以北）乘搭巴士或徒步前往熊野本宮大社。

▶行走中辺路的巴士時刻表

最適合的玩法

南紀熊野古道
（那智山、熊野中辺道）

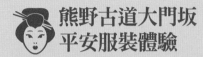

熊野古道大門坂
平安服裝體驗

說到熊野古道，總是會讓人聯想到穿著平安服裝（紅衣）的女性走在熊野古道上的情境。就在那智山中的大門坂茶屋，就有提供這樣的變裝體驗。在這個充滿著古代氣息的熊野古道中，穿著平安服裝走在石級中，就像回到 800 年前的熊野詣中一樣。

大門坂茶屋

營業時間	09:00 ～ 16:00
體驗費用	2,000 円／ 1 小時、3,000 円／ 2 小時
交　　通	JR「紀伊勝浦」站下車轉乘巴士約 20 分鐘至總站，再徒步 10 分鐘
地　　址	東牟婁郡那智勝浦町那智山大門坂
電　　話	073-555-0244
電　　郵	daimon_saka@yahoo.co.jp
備　　註	要先預約

🚌 其他熊野古道散策路線地圖 （分段式）

熊野古道是以下 5 個古道的統稱：紀伊路、小辺路、中辺路、大辺路和伊勢路

田辺市網址	goo.gl/izWNr4
紀伊路網址	goo.gl/3pGMLp

▲▶紀伊路熊野古道相片

7

CHAPTER

三重縣篇

融合傳統與現代之鄉

三重縣位於關西地區的東面，在日本最大的半島中東側長形的海岸線上。三重縣是由北勢、中勢、南勢、伊賀及東紀州5個地區構成的縣市，近畿鐵路是主要的連接交通，位處難波至名古屋的中間位置便是三重縣的所在地。本篇章只會簡單介紹幾個三重縣的重要景點及 Free Pass。

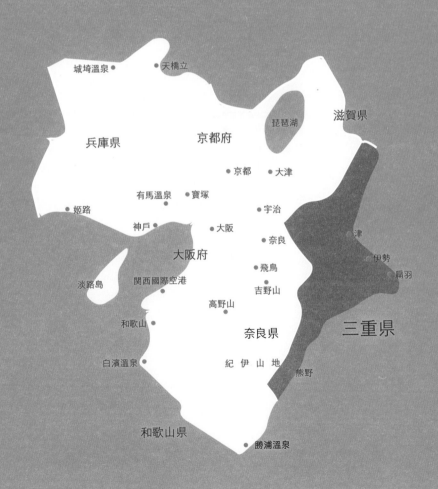

城埼溫泉　　天橋立

滋賀縣

琵琶湖

兵庫縣　　　京都府

京都　　大津

有馬溫泉　寶塚

姬路　　　　　　　　宇治

神戶　　　大阪

奈良　　　　　　　津

大阪府　　　　　　　　　　伊勢

飛鳥　　　　　　　扁羽

淡路島　關西國際空港　　吉野山

高野山　　　　　　　　三重県

和歌山　　　　　奈良縣

紀伊山地

白濱溫泉　　　　　　熊野

和歌山縣

勝浦溫泉

三重縣各類 Free Pass 介紹

✳近鐵週末自由 Pass「近鉄週末フリーパス」

特地為週末出遊的旅客推出的 3 天 Pass，是一個利用普通或快速列車遊走關西至名古屋的車券。

乘搭範圍

近鐵快速及普通列車，特急需另付特急券費用。

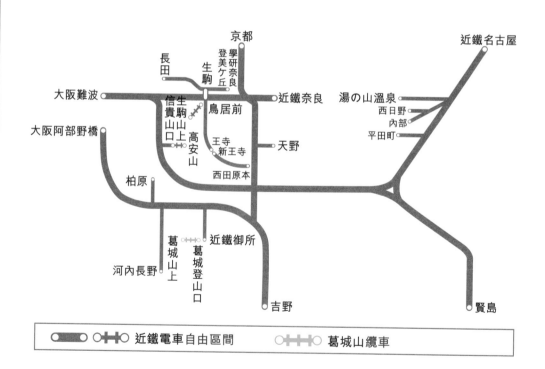

車券簡介

↔ 4 月 1 日～ 12 月 26 日（每年更新）

📅 4 月 4 日～ 12 月 29 日（每年更新）

📆 使用當天不能購買，必須於出發前一個月至前一天購買

✔ 星期五、六及日或星期六、日和一連續 3 天（期間限定）

💲 成人 4,100 円；兒童 2,050 円

🏠 近鐵各主要車站售賣處

註 葛城山纜車 5 折優惠券

🌐 goo.gl/ezlpPG

最適合的玩法

大阪、名古屋、吉野、伊勢志摩（週末連續 3 天）

玩家叮嚀

由於只能乘坐普通或快速列車，需轉乘鐵路的次數較多，所花時間亦較多，作遠距離使用時，可考慮另付特急券費用乘搭相關特急列車。

玩家教你省

1. 大阪至名古屋普通車費用：2,360 円（約 3 小時 35 分）

2. 大阪至伊勢市普通車費用：1,800 円（約 2 小時 45 分）

* 平均一天價錢約 1,400 円以上的移動距離便可選用此 Free Pass

省錢指數 1,400 円起

*伊賀上野散策車券「伊賀上野散策きっぷ」

這個是秋天限定推出的車券，包括可乘搭普通或快速列車來回自由使用區間（名張—伊賀神戶）的往返乘車券、自由乘搭使用區間內的交通等。最適合前往忍者博物館的遊客使用。

乘搭範圍

近鐵快速及普通列車（出發地至名張——伊賀神戶間），特急需另付特急券費用；伊賀鐵道電車（伊賀神戶）

京都・近鐵奈良へ
大阪難波・大阪上本町へ
大和八木
名張
伊賀上野
上野市
伊賀神戶
橿原神宮前・吉野へ
近鐵名古屋・賢島へ

紅色路線為自由乘搭區
■● 電車
駅名
— 巴士路線

車券簡介

↔ 9月1日～12月14日（每年更新）

📅 9月13日～12月15日（每年更新）

📆 有效使用期間中的連續2天（期間限定）

☑ 當天購買當天即可使用

⊘ 沒有

$ 成人 2,290 円；兒童 1,150 円

🏠 近鐵各主要車站售賣處

註 附上野城及上野市站附近觀光設施割引券及名張和菓子優惠券

🌐 goo.gl/9Ph3zC

最適合的玩法

伊賀流忍者博物館（1天或2天）

玩家叮嚀

由於只能乘坐普通或快速列車，需轉乘鐵路的次數較多，所花時間亦較多，作遠距離使用時，可考慮另付特急券費用乘搭相關特急列車。

玩家教你省

大阪至伊賀神戶普通車費用：1,140 円（約 1 小時 40 分）

伊賀神戶至伊賀上野普通車費用：410 円（約 50 分鐘）

* 一天來回伊賀上野城已值回票價

＊伊勢・鳥羽 2day 自由車券

「伊勢・鳥羽 2day 自由車券」

這是一個包括可乘搭普通或快速列車來回自由使用區間（伊勢市——鳥羽）的往返乘車券、自由乘搭使區間內的交通等的車券。

乘搭範圍

近鐵快速及普通列車（出發地至伊勢市—鳥羽）、三重交通巴士（伊勢、二見、鳥羽周遊巴士「CAN巴士」和「參宮巴士」也包括在內）、鳥羽市海鷗巴士。

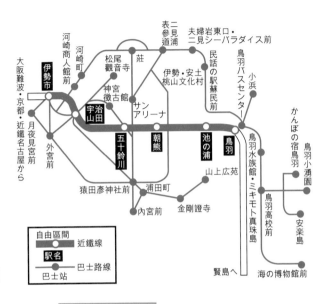

車券簡介

↔ 9月1日～12月14日
（每年更新）

📅 9月13日～12月15日
（每年更新）

📅 有效使用期間中的連續2天
（期間限定）

✅ 當天購買當天即可使用

🚫 沒有

💲 成人 4,470 円；兒童 2,240 円

🏠 近鐵各主要車站售賣處

註 乘特急列車需另付特急券費用

🌐 其他參考網站 goo.gl/9Ph3zC

玩家叮嚀

由於只能乘坐普通或快速列車，需轉乘鐵路的次數較多，所花時間亦較多，作遠距離使用時，可考慮另付特急券費用乘搭相關特急列車。

最適合的玩法

伊勢神宮、二見浦、鳥羽　｜兩天行程｜

玩家解析

1. 大阪至伊勢市普通車費用：1,800 円
（約 2 小時 45 分）
2. 大阪至鳥羽普通車費用：2,040 円
（約 3 小時）
3. 伊勢市至鳥羽普通車費用：240 円
（約 20 分鐘）
另加周遊巴士費用
＊ 使用這個 Pass 前往鳥羽 2 天即值回票價
＊ 如果一天來回的話，建議使用「青春 18」車券代替此 Free Pass

三重縣
最著名的景點

伊勢神宮、二見浦、伊賀上野忍者村及熊野古道等，是三重縣最著名的景點，故近畿鐵路的相關 Free Pass 便以名古屋及大阪至伊勢及志摩地區的為主。

＊伊賀上野景點

伊賀上野是伊賀市內一個重要的景區，景點集中於伊賀上野公園內，主要交通除了 JR 鐵路外，還有連接近鐵的伊賀鐵道。伊賀市是個鄉郊地區，無論是居民還是餐廳都會讓人有一種純樸的感覺。伊賀市是伊賀流忍術的發源地，在伊賀上野城旁就有一個伊賀流忍術的博物館，擁有世界第一的忍術資料。在這裏更可以尋找到芭蕉翁（日本著名的詩人）的足跡。

240

伊賀上野的重要景點

▲伊賀上野景點圖

景點介紹

1. 伊賀上野城

位於伊賀市上野公園的伊賀上野城又被稱為「白鳳城」，3層高的白色城池就像鳳凰休息時的姿態而得名。其天守閣是伊賀市內有形文化財之一，雖然曾修建過才保留了現在的模樣，但卻帶有一種古代的氣息，與其他關西著名的城跡不同。

營業時間	09:00 ～ 17:00
休館日	12 月 29 日～ 31 日
登閣費	成人 500 円；兒童 200 円
網址	www.ict.ne.jp/~uenojyo/

2.伊賀流忍者博物館

保存著世界上最豐富的忍術資料的博物館，有真人介紹的忍者屋敷、忍術體驗館及忍者傳承館，詳細介紹昔日忍者的日常生活、學習過程等，更有忍者真人 SHOW，有興趣的遊客亦可在表演完結後體驗一下「擲」飛鏢的樂趣。

營業時間	09:00 ～ 17:00
入 館 費	成人 756 円；兒童 432 円
網　　址	www.iganinja.jp/

3.芭蕉翁記念館

日本著名的詩人——松尾芭蕉翁最拿手寫「俳句」，即卡通《櫻桃小丸子》在劇內經常說的短句，包括了每個時代不同的現況或表達自己情感而寫的句子。在上野公園內有紀念芭蕉翁的俳聖殿、句碑及紀念館等。

網　　址	www.basho-bp.jp/

4.俳聖殿

俳聖殿的建築最具特色，為了紀念芭蕉翁誕生 300 年而興建的聖堂。借芭蕉翁出外時的姿態來設計的聖殿，殿頂呈古時的「笠」（草帽）狀、殿身為八角形的「簑」衣、殿中支撐的柱則為芭蕉翁手持的杖，形成一個獨特的形態。

地　　址	伊賀市上野丸之內
交　　通	伊賀鐵道「上野市」站徒步 5 分鐘上野公園內
網　　址	www.basho-bp.jp/

伊勢市的
重要景點與美食介紹

位於三重縣南部伊勢灣旁的伊勢市是三重縣的重要
交通樞紐。由於有悠久歷史的古老神社——伊勢神
宮位處於此,故每年也會有很多遊客前往參拜。伊
勢神宮分為內宮及外宮,2個地方相隔有一段距離,
故要從外宮前往內宮,可考慮以巴士或計程車代
步。

除了神社,位於海岸邊的二見浦也是著名的景點之
一。由於位於海邊,故地道美食中漁類當然是不可
缺少的,牡蠣、伊勢龍蝦、鮑魚和河豚都是這裏的
珍味,來到這裏一定要嘗嘗其獨特的鮮味。

▲區域位置圖

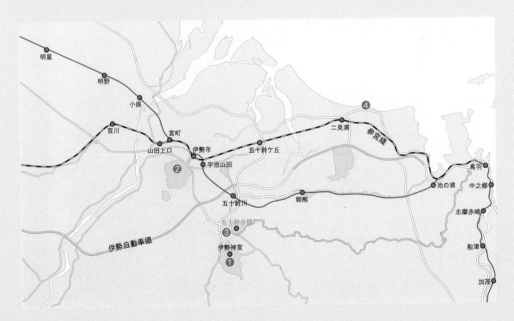

祭典

在二見浦夫婦岩中的大岩石是男岩、較小的是女岩，兩岩間以一條大注連繩（「結界之繩」）牽繫著。這條大注連繩由鎌倉時代後期便開始一直緊繫著，每年 5 月、9 月及 12 月都會有一個更換大注連繩的祭典。

景點介紹

1. 伊勢神宮（內宮）

伊勢神宮又名神宮，其有 2 座正宮：內宮及外宮，有 2000 年的歷史。內宮又名皇大神宮，祭祀天照大神的神宮，傳說天照大神的 3 件寶物中的八咫鏡一直放置在這裏被供奉著。內宮的宇治橋是伊勢神宮的地標，鮮紅色的拱橋，還有御正殿、荒祭宮、神樂殿、御手洗場等都是很具歷史價值的場所。

交　　通	近鐵「宇治山田」站 JR「伊勢市」站乘外宮內宮循環巴士於「徵古館前」站下車徒步 3 分鐘或乘坐「CAN 巴士」於同一站下車徒步 1 分鐘。
網　　址	www.isejingu.or.jp/ （網頁內的動畫把伊勢神宮的悠久歷史和獨特的地方完全表現出來，不能錯過）

2. 伊勢神宮（外宮）

供奉豐受大御神的外宮，是衣食住及產業的守護神。雖與內宮一樣被稱為正宮，但兩者並不是同等級別的，神宮以內宮為中心，重要的祭典都會在這裏舉行。

交　　通	近鐵「宇治山田」站 JR「伊勢市」站徒步 10 分鐘
網　　址	www.isejingu.or.jp/

伊勢神宮參拜方法
「二拜二拍手一拜」是基本的參拜儀式，站在神殿前先叩頭 2 次，再合手拍 2 次後再叩頭 1 次。

▶剛好遇到三一女兒節

3.「おはらい町」(御洗町)&「おかげ横丁」(御蔭橫丁)

位於伊勢內宮宇治橋旁的「おはらい町」長約 800 公尺的石坂路，兩
旁有伊勢等有的建築，餐廳、土產店鱗次櫛比，是一條繁榮的商店街。
商店街的中央是「おかげ横丁」，重現了江戶時期至明治時期間伊勢
路的代表建築物，走在這裏就像回到舊日本一樣，十分有趣。

交　　通	伊勢神宮宇治橋徒步 1 分鐘
網　　址	059-623-8838（案內所）

▶商店街地圖

4.二見浦夫婦岩

日本有很多奇石，位於三重縣二見浦的夫婦岩的這 2 塊巨石，由於形似夫妻相依在
海中而得名。雖然日本有很多地方都有夫婦岩，但由於二見浦的夫婦岩間能看到日
出的升起，也能在 11 月至隔年 1 月期間看到滿月的美景，故是眾所周知的夫婦岩，
很多情侶或夫妻都會特地前來參拜。

地　　址	伊勢市二見町江 575
交　　通	JR「二見浦」站下車徒步 20 分鐘、「伊勢市」站或「宇治山田」站乘巴士 25 分鐘。
電　　話	059-643-2020
附近景點有	二見蛙、興玉神社、龍宮社和天之岩屋
網　　址	goo.gl/25dwfk

鳥羽市的
重要景點與美食介紹

鳥羽市位於伊勢志摩國立公園內，是自然景觀及歷史文化的重要地區。世界中第一個養殖珍珠場就在鳥羽這個地方。這裏除了擁有優良的海灣，還有4個傳承著獨特文化和歷史的離島（神島、答志島、坂手島和菅島等），孕育出豐富的海產。昔日的海女文化仍流傳至今。

要在鳥羽市遊覽，可以使用路線巴士「かもめバス」在鳥羽市移動；前往離島則需要乘搭鳥羽市營定期船或伊良湖航路。

▲區域位置圖

▲鳥羽市廣域圖

▶鳥羽市景點圖

246

景點介紹

1. 鳥羽水族館

3 層高的水族館，共分為 12 個部分，每個部分有一個主題，遊客可因應自己對海洋生物的喜好，前往不同的主題館欣賞各種動物的姿態及了解牠們的習性。

營業時間	09:00 ～ 17:00
費　　用	成人 2,000 円；兒童 1,200 円；幼童 600 円
交　　通	JR 及近鐵「鳥羽」站徒步 10 分鐘
地　　址	三重県鳥羽市鳥羽 3-3-6
電　　話	059-925-2555
網　　址	鳥羽水族館

2. ミキモト真珠島

位於鳥羽灣上的一個小島，臨近鳥羽車站的一個養殖珍珠場，是世界上第一個養殖珍珠場。在這裏更可以看到海女實地的表演，每年都會吸引不少的遊客前來參觀。

營業時間	09:00 ～ 17:30 （夏季於 08:30 開始）
費　　用	成人 1,500 円；兒童 750 円
交　　通	近鐵「鳥羽」站徒步 10 分鐘通過真珠島棧橋
地　　址	三重県鳥羽市鳥羽 1-7-1
電　　話	059-925-2028
網　　址	goo.gl/TM7WNn

3. 海女小屋鳥羽はまなみ

從很早以前，海女就是因為養殖珍珠而存在的一種技術工作。她們需要潛到水底採集珍珠，不需要任何的器具幫忙，可以在海底下長時間閉氣是需要很長一段時間的訓練才能得到的成果。珍珠的養殖也全靠海女才能安全成長。在這個小屋內，可以吃到新鮮採集的炭火燒海鮮。

營業時間	11:00 ～ 20:00
費　　用	炭火燒套餐 5,000 円～ 8,000 円不等（單點價格根據海鮮種類而不同）
交　　通	近鐵「鳥羽」站徒步 3 分真珠島棧橋附近
地　　址	三重県鳥羽市鳥羽一丁目 6-18
電　　話	059-926-5396
備　　註	繁忙時間需預約
網　　址	www.amafuku.com/

4. 鳥羽湾めぐりとイルカ島

約 50 分鐘的遊覽時間，可以遊覽鳥羽灣的同時，也能與海鷗作伴。

營業時間	09:00 ～ 16:00（每半小時一班）
費　　用	成人 1,800 円；兒童 1,000 円
交　　通	觀光船碼頭位於水館前
地　　址	三重県鳥羽市鳥羽 1 丁目 2383-51
電　　話	059-925-3147
網　　址	goo.gl/Gny9Z5

旅人隨筆

日本曾播出一部《小海女》的長篇電視劇，內容是講述一個代代相傳的海女家族裏的一個年輕女生為了自己的夢想而奮鬥的故事。劇中有很多海女採集鮑魚、珍珠等海產時的情況和艱辛的訓練過程等，是個非常吸引人的故事。

購物狂 -TIPS-

誠意邀請了日本瘋狂購物狂帶路，讓你認識幾個敗家的地方和 TIPS：

Spotaka

整棟以販售運動用品及服裝為主，各式各樣的運動用品中，有國際知名的品牌，亦有本土的品牌，適合各種運動愛好者。

TIPS：12 月 29 日便可優先選購 Spotaka 不同運動品牌的福袋，大致分 M 和 L 尺寸。購物滿 10,801 円（包括福袋）亦可到 1 樓退稅。

網址：www.spotaka.com

ABC—Mart

分店遍布全國，每間分店販售的貨品都不一樣，建議大家先多走幾間才下決定。ABC—Mart 心齋橋的那幾間分店不但方便，持護照更有折扣優惠，不過由於遊客太多，所以款式及鞋碼較快賣完。我推薦大家去梅田茶屋町店的 ABC—Mart，這間分店賣的可算是大阪中最新及最潮的產品，全店走年輕人路線，不過最新型號的球鞋款不提供任何折扣。雖然 ABC—Mart 分店既多且方便，但並無退稅服務！

網址：www.abc-mart.com

OPA

分本館及きれい（KEREI-KAN）館。本館集中走年輕及前衛路線，每層的店鋪共十多間，適合年輕人朝聖，但不提供退稅服務。如果要買福袋的話，去 OPA 本館可一次買幾十個呢！特別介紹 AS KNOW AS PINKY（B1/F）、DURAS（5/F）、KBF（B2/F）；毗鄰きれい（KEREI-KAN）館的 Seria100 日元店（2/F）千萬不要錯過，所賣的貨品比 DAISO 更精緻，有時還能幸運地找到很多 Little Twin Stars、Thomas、Disney Store 的產品呢！

網址：www.opa-club.com/shinsaibashi

O1O1

O1O1 是個可以盡情穿梭男女裝各大品牌的商場。持中信卡可享 9 折、銀聯卡及悠遊卡則可享 95 折，B1/F 及 5/F 皆可退稅，我建議讀者到 5/F 結帳和退稅，因為人潮較少，而且取輪候號碼牌後還可在這一層血拼，非常方便。退稅時建議拿取現金，為血拼提供更多資金。另外部分品牌如 Uniqlo（7/F）可先下載其 APPS，再登記成為會員，只要提供會員號碼，就能以會員優惠價購買及退稅，不過貨品不及心齋橋旗艦店多，這也是考量之一。

網址：www.0101.co.jp/index.html

希望能幫得上忙，讓大家盡情地敗家！

Tramy Fong

後記

毅然決定到大阪留學並不是一件容易的事，離開疼愛我的家人與朋友，從熟悉的環境來到一個完全陌生的地方，除了不捨還有無限的擔憂，面對未知的將來，需要從平穩的生活習慣中作出大幅度的調整才能適應。「旅の恥はかき捨て」，意思是在僅有的出遊機會中，在沒有人認識的場合下，可以不怕羞恥而做出一些平常不會作的傻事。也正因為這些傻事，這些經歷，才讓我擁有一份對大阪獨有的情感。

為了不要有遺憾，所以我爭取了每一次學習的機會，參加了 HOMESTAY 的交流活動和不同的比賽。印象最深的是那一次有幸進入「大阪女子留學生演講比賽」的決賽，逗得全場哈哈大笑的經歷，終生難忘。還有在「留學生作文比賽」中得到了優秀賞，內容都是關於留學的生活習慣和經歷。漸漸地，「分享」成為了我新生活的習慣。謝謝家人和朋友的體諒與支持，讓我可以安心、無顧慮地追逐夢想。雖然當時與家人的距離很遠，但在與他們分享生活點滴和每個旅程的同時，心靈上的溝通卻從未如此地靠近。一直抱著要讓倆老看到和感受到我所經歷的目標，努力打工、出遊，把最好的帶回去給他們成為了我在大阪生活的動力。

要謝謝那些曾與我並肩作戰，參加苦僧之旅的朋友們。每天下課後我們都會在家煮菜吃飯、聊天溫習、晚上夜遊、假日出走。我永遠記得那一段無憂的快樂時光。因為有他們，才會讓我的留學生活增添了不少的樂趣。要謝謝中華料理店的老闆娘、廚師和客人們，在打工生涯中給了我無限的忍耐，忍受我不到半桶水的爛日文溝通模式，培養出我不怕在人前亂說一通的勇氣。

留學期間一有時間就會出走，遊走日本每個地方是我留學的主要目的。在這裏，感恩讓我遇見了他，他陪我走過不少的地方，一直在旁支持著我。本書所記載的都有我們的足跡，這雖是平淡的記憶，但卻是我生命中最重要的一部分。這書成為了那段留學生活的一個記錄，想把它送給擁有共同回憶的你們。往後的日子，也請多給我鼓勵，讓我可以創造更多的奇蹟，為自己打造一個更有意義的人生。

▲東映太秦映画村（A7 班畢業旅行）　　▲冰上釣魚新體驗

▲帶老爸老媽遠征，辛苦您們了！　　▲在竹田城跡上玩紅綠燈的一群傻瓜

▲京都白川櫻花樹下與陳氏夫婦留影　▲第一個遠道而來接濟這個　▲探訪鐵人 28 之三人行
　　　　　　　　　　　　　　　　　窮留學生的好朋友

▲三十三間堂成年祭　　　　　　　▲打工的中華料理店

作　　　者 Carmen Tang
編　　　輯 李臻慧
美術設計 潘大智、劉旻旻
校　　　對 李臻慧、李雯倩

發 行 人 程顯灝
總 編 輯 呂增娣
主　　　編 李瓊絲
編　　　輯 鄭婷尹、邱昌昊
　　　　　黃馨慧、余雅婷
美術主編 吳怡嫻
資深美編 劉錦堂
美　　　編 侯心苹
行銷總監 呂增慧
行銷企劃 謝儀方、吳孟蓉
　　　　　李承恩、程佳英

發 行 部 侯莉莉
財 務 部 許麗娟、陳美齡
印 務 許丁財
出 版 者 四塊玉文創有限公司

總 代 理 三友圖書有限公司
地　　　址 106 台北市安和路 2 段 213 號 4 樓
電　　　話 (02) 2377-4155
傳　　　真 (02) 2377-4355
E － mail service@sanyau.com.tw
郵政劃撥 05844889 三友圖書有限公司

總 經 銷 大和書報圖書股份有限公司
地　　　址 新北市新莊區五工五路 2 號
電　　　話 (02) 8990-2588
傳　　　真 (02) 2299-7900

製版印刷 皇城廣告印刷事業股份有限公司

初　　　版 2015 年 09 月
一版二刷 2016 年 06 月
定　　　價 新台幣 350 元
Ｉ Ｓ Ｂ Ｎ 978-986-5661-51-9(平裝)

關西
Free Pass
自助全攻略
教你用最省的方式，
遊大阪、京都、大關西地區
Carmen Tang 著

特別感謝
鳴謝
糸魚川市交流觀光課
立山黑部宣伝センター

國家圖書館出版品預行編目 (CIP) 資料

關西 Free Pass 自助全攻略：教你用最省
錢的方式玩大阪、京都、大關西地區 /
Carmen Tang 作 .-- 初版 .-- 台北市：四
塊玉文創 , 2015.09
　　面；　公分
ISBN 978-986-5661-51-9(平裝)

1.自助旅行 2.日本關西

731.7509　　　　　　　　　104016975